2121
MAR 03

parmigiano
reggiano

Photographies des recettes : Pierre Beauchemin
Photographies : Consortium du fromage Parmigiano-Reggiano
Styliste accessoiriste : Luce Meunier
Révision : Monique Richard
Correction : Ginette Patenaude
Infographie : Manon Léveillé, Chantal Landry

Les Éditions de l'Homme remercient le Consortium du fromage Parmigiano-Reggiano de les avoir soutenues tout au long de la production de ce livre et de les avoir autorisées à utiliser leur matériel photographique.

Catalogage avant publication de Bibliothèque et Archives Canada

Brotto, Igor
Parmigiano reggiano

(Tout un plat!)

1. Parmigiano Reggiano (Fromage). 2. Cuisine (Fromage).
I. Galasso, Elvio. II. Vari, Pasquale. III. Titre. IV. Collection.

TX759.5.C48B76 2006 641.6'7354 C2006-941651-6

09-06

Dépôt légal : 2006
Bibliothèque et Archives nationales du Québec

ISBN 10 : 2-7619-2309-X
ISBN 13 : 978-2-7619-2309-5

DISTRIBUTEURS EXCLUSIFS :

- Pour le Canada et les États-Unis :
  MESSAGERIES ADP*
  955, rue Amherst
  Montréal, Québec H2L 3K4
  Tél. : (450) 640-1237
  Télécopieur : (450) 674-6237
  * division du Groupe Sogides inc.,
  filiale du Groupe Livre Quebecor Média inc.

- Pour la France et les autres pays :
  INTERFORUM
  Immeuble Paryseine, 3, Allée de la Seine
  94854 Ivry Cedex
  Tél. : 01 49 59 11 89/91
  Télécopieur : 01 49 59 11 33
  Commandes : Tél. : 02 38 32 71 00
  Télécopieur : 02 38 32 71 28

- Pour la Suisse :
  INTERFORUM SUISSE
  Case postale 69 - 1701 Fribourg - Suisse
  Tél. : (41-26) 460-80-60
  Télécopieur : (41-26) 460-80-68
  Internet : www.havas.ch
  Email : office@havas.ch
  Distribution : OLF SA
  Z.I. 3, Corminbœuf
  Case postale 1061
  CH-1701 Fribourg
  Commandes : Tél. : (41-26) 467-53-33
  Télécopieur : (41-26) 467-54-66
  Email : commande@ofl.ch

- Pour la Belgique et le Luxembourg :
  INTERFORUM BENELUX
  Boulevard de l'Europe 117
  B-1301 Wavre
  Tél. : (010) 42-03-20
  Télécopieur : (010) 41-20-24
  http ://www.vups.be
  Email : info@vups.be

Gouvernement du Québec – Programme de crédit d'impôt pour l'édition de livres – Gestion SODEC –www.sodec.gouv.qc.ca

L'Éditeur bénéficie du soutien de la Société de développement des entreprises culturelles du Québec pour son programme d'édition.

Le Conseil des Arts du Canada
The Canada Council for the Arts

Nous remercions le Conseil des Arts du Canada de l'aide accordée à notre programme de publication.

Nous reconnaissons l'aide financière du gouvernement du Canada par l'entremise du Programme d'aide au développement de l'industrie de l'édition (PADIÉ) pour nos activités d'édition.

tout un plat !

parmigiano reggiano

Igor Brotto
Elvio Galasso
Pasquale Vari

Introduction de Robert Beauchemin

LES ÉDITIONS DE L'HOMME

PARMIGIANO
REGGIANO
TUTELA

Introduction

Il y a un peu moins de vingt ans, le terme «parmesan» n'évoquait, pour les Nord-Américains, qu'un fromage cendreux et pestilentiel. Il s'agissait alors d'une imposture largement répandue dans la plupart des restaurants modestes, italiens surtout, mais aussi français à l'occasion.

Aujourd'hui, nous aurions honte d'admettre que ce parmesan en poudre vendu dans un contenant de plastique se retrouvait dans tous les placards. En dépit de son appellation, ce produit ne contenait pratiquement aucun lait frais, mais plutôt des substituts baptisés «produits de lait» ou «mpc» (*milk product concentrate*), c'est-à-dire une sorte d'extrait de protéines lactiques dégraissées dont l'usage a longtemps été décrié. Le mpc résulte tout aussi bien de l'émulsion de shortenings végétaux que de fibres de gélifiants industriels et d'eau. Il s'en est fallu de peu pour que le parmigiano reggiano devînt une abstraction, un simple protocole générique, une «catégorie» plutôt qu'une appellation géographique incarnant et protégeant un produit d'une qualité exceptionnelle. Comment en sommes-nous arrivés là?

Pour la plupart d'entre nous qui n'avaient pas encore redécouvert le parmigiano reggiano authentique, ces pastiches industriels et exotiques (fabriqués aux États-Unis et en Argentine, les deux principaux producteurs, et, dans une moindre mesure, en Allemagne) étaient devenus la norme et avaient envahi les supermarchés au cours des années 1960.

Le déclic s'est peut-être produit quand des chercheurs américains se sont intéressés sérieusement à ce qu'il est convenu d'appeler maintenant le «régime méditerranéen». Ces recherches ont mis en lumière la formidable gastronomie italienne et ses productions régionales. Dans cette foulée, on s'est rendu compte qu'il en allait du parmigiano reggiano italien comme du feta grec, de l'emmenthal suisse et du camembert français. Dans chacun des cas, le nom du fromage a été usurpé par des compagnies agroalimentaires, souvent fondées par des immigrants européens, qui ne se sont inspirés des fromages de leur pays natal que pour en produire de pâles et bien vagues imitations. Ironiquement, dans le cas de l'emmenthal, l'imitation a supplanté l'original, puisque la plus importante production de ce fromage n'est plus suisse, mais française ou allemande, et ce, dans une proportion de plus de 80 p. 100. Ce qui a contraint – ou encouragé – les Suisses à rebaptiser, en 2001, leur fromage «emmentaler» pour reprendre la paternité de leur produit.

Afin de protéger la «typicité», le nom et donc la réputation de plusieurs autres produits qui avaient subi le même sort, il a fallu recourir à un outil juridique, l'AOP (Appellation d'origine protégée). Cela, les Français l'ont compris bien plus tôt, eux qui ont octroyé une première appellation d'origine protégée au roquefort en 1925. Quant aux Italiens, ils ont attendu jusqu'en 1996 pour allouer une AOP au parmigiano reggiano, et ce, au prix de batailles épiques contre l'usurpation de leurs appellations d'origine. Or, aux États-Unis, il est permis d'apposer le nom «parmesan» sur un produit qui s'apparente autant au parmigiano reggiano, que le Kool-Aid au jus d'orange fraîchement pressé. Quoi qu'il en soit, le mal est fait: le Consortium du fromage Parmigiano-Reggiano qui protège et fait la promotion du fromage doit encore consacrer beaucoup d'efforts et de ressources financières, et faire des pressions pour rectifier les abus des grandes compagnies. Fait encourageant, les autres pays européens ne peuvent appeler leur fromage ni «parmigiano reggiano» ni d'un autre nom qui ressemble à «parmigiano» ou à «reggiano», sous peine de poursuites légales par le Consortium. Ce qui n'a pas empêché l'agroalimentaire de commercialiser un simulacre de parmigiano reggiano sous le nom de «pamesello». La bataille n'est pas encore terminée.

Tous ces bouleversements, qu'ils soient d'ordre juridique ou purement alimentaire, ont favorisé l'essor de la production du parmigiano reggiano, dont le nom est devenu officiel en 1951. Le fromage est produit 365 jours par année à partir de lait cru (et donc, non pasteurisé) obtenu de la traite du matin et de celle du soir, dans une zone bien délimitée autour des villes de Parme, de Reggio-Emilia, de Modène, de Mantoue et de Bologne. Il s'agit en fait de la ceinture rurale que l'on appelle ici *zona tipica*. Dans cette zone de production, le sol, le climat, la végétation et la tradition d'élevage des vaches a permis d'assurer la qualité exceptionnelle des fromages au cours des siècles. Ainsi, on fait encore le parmigiano reggiano selon les méthodes artisanales. C'est l'un des fromages que l'on laisse vieillir (affiner ou mûrir) le plus longtemps (entre un et quatre ans), afin qu'il acquière cette texture granuleuse et sèche si typique. À titre d'exemple, partout dans le monde, les fromages du même style vieillissent de deux à dix mois au maximum. Et la plupart des fromages industriels ne sont affinés que quelques semaines, et encore!

LE FROMAGE, AU FIL DU TEMPS

Pendant des siècles, le fromage n'était ni plus ni moins qu'une manière pratique et agréable de conserver le lait. On faisait donc les fromages de manière artisanale, sans production stable ou régulière. Dans de telles circonstances, il y avait toujours un élément de surprise dans la qualité du produit final. Parfois, quand ça tombait bien, le fromage avait un goût remarquable, mais ni les consommateurs ni les producteurs n'avaient de garantie que la saison suivante, ce serait encore le cas. Certains puristes voudraient revenir à l'ère pré-industrielle où le fromager proposait à la criée sa meule dissimulée dans quelques feuilles ou dans des tissus humides, lesquels pouvaient transmettre des bactéries, autant bénéfiques que maléfiques. Le hasard a donc été déterminant pour donner au fromage son goût caractéristique et pour garder en vie ses consommateurs. De nos jours, tout est placé sous le contrôle de la technologie, exception faite de la pluviosité.

La technologie tient nécessairement compte des connaissances du passé, comme, par exemple, l'origine géographique du fromage, en d'autres mots de sa fiche d'identité. De tout temps, on sait que si le fromage est produit dans les alpages avec le lait de printemps et affiné dans des grottes humides, il aura un goût plus acide ou plus gras. Si, au contraire, on produit le fromage dans des plaines avec des animaux nourris de fourrage estival et d'herbes grasses, et qu'on l'affine dans des fosses, comme c'est encore le cas dans la région de Sogliano en Émilie-Romagne, le fromage sera plus doux, et son goût, moins acidulé. En outre, on sait que si on utilise le lait du soir puis celui du matin, que si la traite a lieu au printemps et en été, plutôt qu'en hiver, tout cela va contribuer au goût, à la texture et à la capacité de vieillissement des caillés. Finalement, les conditions de production du parmigiano reggiano n'ont pas tant changé. Ce sont nos connaissances techniques qui permettent aujourd'hui de mieux contrôler ces conditions.

Avec l'industrialisation est venue la pasteurisation. Louis Pasteur a découvert comment éliminer les bactéries meurtrières, celle de la tuberculose entre autres, en amenant le lait à lente ébullition pendant quelques secondes, jusqu'à une température de 75 à 90 °C. Grâce à cette méthode, la majorité des microorganismes contenus dans le lait sont détruits, permettant également d'étendre la durée de la conservation des laitages, une fois caillés.

De nos jours, les fromages faits de lait pasteurisé sont la norme. Dommage, diront cette fois les amateurs de fromage fermiers, car dans le processus de pasteurisation, il se perd autant de bactéries utiles que, il est vrai, de bactéries nuisibles à la santé humaine. Même en France, ce pays si «fromager», la production de fromage à partir de lait cru ou «brut[1]» n'est que d'environ 18 p. 100. Dans les faits, les deux types de fromages coexistent assez bien, même si les fromages au lait cru sont toujours menacés de disparition quand les angoisses alimentaires se font plus pressantes, ce qui est toujours le cas aux États-Unis et, à l'occasion, au Canada et dans la Communauté européenne.

Ainsi, entre le début des années 1990 et 2000, la dimension sécuritaire de la production et l'utilisation du lait cru – des deux côtés de l'Atlantique – a fait l'objet d'une polémique au sein de la CEE (Communauté économique européenne). Au fond, si on interdit le lait tel que la nature nous le donne depuis le néolithique, c'est d'abord à cause de principes mercantiles et de quête de monopoles, sous le couvert de prudes inquiétudes hygiéniques. En effet, la science a démontré que, en grande partie, les bactéries contenues dans les produits laitiers sont de nature bénigne. Or, les «bonnes» bactéries (celles qu'élimine nécessairement la pasteurisation) sont celles qui donnent aux fromages leur goût et leur spécificité, bref, leur caractère. En fait, sans bactéries, il n'y aurait tout simplement pas de fromage.

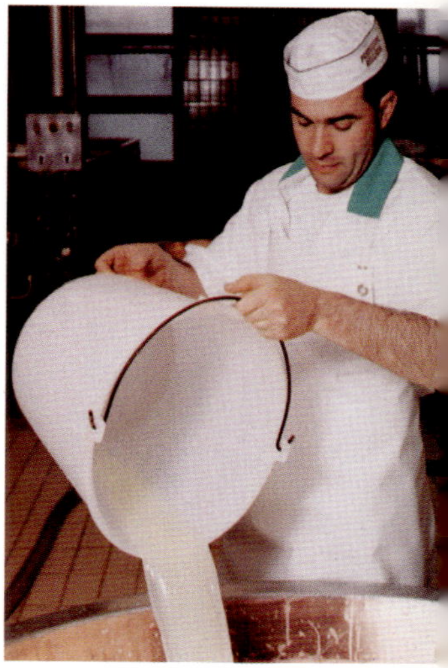

L'HISTOIRE D'UN GRAND FROMAGE ET L'INCARNATION DE LA CULTURE ITALIENNE

L'artiste italien Alberto Savinio a déjà écrit que le parmigiano reggiano est au monde des fromages ce que la

1. Lait chauffé pendant quelques secondes à une température de 40 °C, soit trois degrés de plus que la température du lait qui sort des pis.

contrebasse est au grand orchestre : le pilier de la cuisine italienne, sans lequel ce répertoire ne serait plus exactement le même. Le parmigiano reggiano ponctue, soutient, accentue et transfigure toute la cuisine de la péninsule italienne, du nord au sud.

Le parmigiano reggiano, indiscutablement le roi de la cuisine régionale émilienne, a probablement été produit d'abord dans la province de Reggio nell'Emilia, juste au sud de la vallée du fleuve Pô, qui irrigue tout le nord de la péninsule. Autrefois, cette région faisait partie du Duché de Parme, dont la capitale du même nom était le principal centre du commerce de la région. On avait même baptisé son fromage, dont la formule est restée assez secrète pendant sept siècles, du nom du «caillé des sept pays», en vertu des sept nations qui ont régné successivement sur le Duché. Des archives datant du Moyen Âge (autour de l'an 1250) décrivent en détail le caractère distinct du parmigiano reggiano, exactement comme on le connaît aujourd'hui : texture granuleuse, caillé ultra-sec et friable, goût fin et, une fois vieilli, assez marqué. Plusieurs auteurs font remonter son origine précise à des productions fromagères sophistiquées de fromages secs tels que les vantaient les écrivains latins de la période tardive de l'empire romain. À l'époque, on faisait rarement vieillir les fromages longtemps. On préférait les manger bien frais, mais pas toujours, comme le montre l'exemple des légions romaines qui parcouraient l'Europe à pied en transportant des caillés séchés et préservés – souvent par l'action d'un saumurage –, qui leur procuraient une denrée énergétique qui se conservait bien. Nous parlons donc d'un produit très ancien, continuellement louangé par les témoins de l'histoire, ce qui est assez rare dans le cas d'un fromage, contrairement aux vins, par exemple, ou même aux jambons et aux apprêts sucrés.

On soupçonne des Celtes d'origine gauloise d'avoir été les premiers à pratiquer l'art de la caséification et de la maturation des caillés en Émilie-Romagne, dès le VIIIe siècle av. J.-C. Il y a donc un lien entre les produits laitiers des animaux du sud, et le savoir des habitants du nord. Cette relation entre la Gaule et le parmigiano reggiano n'est donc pas étonnante si l'on en croit les archives. Le plus célèbre retentissement nous vient peut-être de Molière qui ne se nourrissait pratiquement plus que de vieux parmigiano reggiano à la fin de sa vie, ce fromage étant aussi digeste qu'énergétique. Un autre personnage célèbre, la seconde femme de Napoléon Bonaparte, Maria Luigia, devenue duchesse de Parme en 1814, a exercé une influence énorme sur la région. Elle appréciait beaucoup, dans sa nouvelle patrie, les fromages qu'elle a contribué à faire connaître. À cause de cet apport de la culture gallique sur la région, certains croient même que l'accent des habitants de Parme qui roulent leurs «r» comme à Paris, ressemble à du français italianisé plutôt que le contraire.

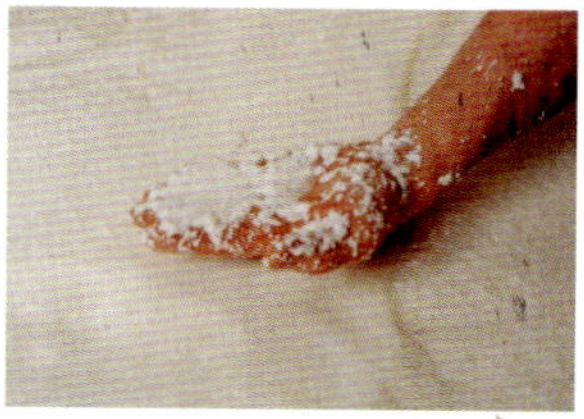
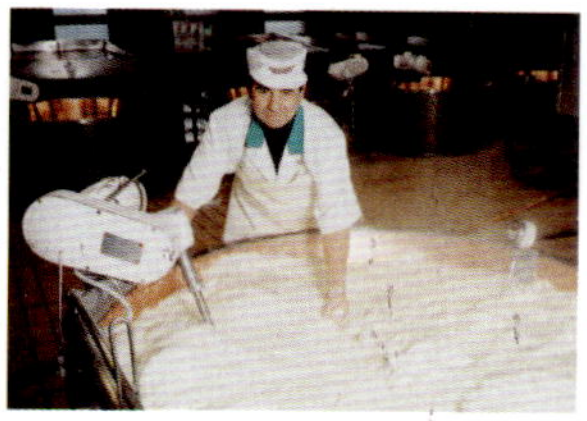

Or, nous savons avec assez de précision que les moines bénédictins furent les premiers à véritablement produire le fromage de Parme, parce que les monastères offraient le climat idéal pour le perfectionnement de la technique de production et son rayonnement, aussi bien spirituel que commercial. En effet, pendant les longs pèlerinages de monastères en abbayes, le parmigiano reggiano était bien souvent la seule nourriture que les pèlerins pouvaient transporter. Quoi qu'il en soit, malgré toutes ces anecdotes pour établir l'ancienneté du parmigiano reggiano, il n'est désormais plus nécessaire d'entreprendre de longues recherches, l'une des sources les plus fiables nous venant de l'œuvre de Boccace (1313-1373). Dans *Le Décaméron,* il décrit des personnes qui habitaient sur une « montagne de parmigiano râpé et qui ne vivaient qu'en confectionnant des macaronis et des raviolis, qu'ils laissaient choir en bas de la montagne afin qu'ils roulent dans le parmigiano ». En un sens, Boccace faisait allusion à une longue tradition dans la péninsule italienne qui associait les vertus du bon goût à celles de l'abondance, des vertus spontanées si l'on considère que l'époque était marquée par une grande pauvreté et des famines persistantes. On fait d'ailleurs remonter la tradition de manger les tortellinis au bouillon de chapon (*tortellini in brodo*) à Noël, davantage recouverts de parmigiano reggiano que seulement saupoudrés, à cette époque lointaine. Certains ajouteraient qu'en Émilie-Romagne, les choses ont bien changé de ce côté, mais pas trop en art culinaire, puisque le parmigiano reggiano se retrouve dans presque tous les plats, à tous les repas.

Ailleurs en Italie, le parmigiano reggiano était pratiquement inconnu en Sicile il y a cent ans, mais il a dorénavant sa place aux côtés des *caciocavalli* et des *pecorini* locaux. Le parmigiano reggiano a migré hors de ses frontières de production aussi facilement que les Italiens eux-mêmes, qui ont essayé de le reproduire – mais en vain ! – dans la pampa argentine ou dans la savane australienne. De méchantes langues affirment que ces Italiens auraient perdu leurs livres de recettes pendant la traversée en bateau. Il semble bien que ce grand seigneur parmi tous les caillés européens est unique et, surtout, inimitable. Pourtant, en dépit de sa nature orgueilleusement italienne, le parmigiano reggiano a aussi imprégné les plats et les spécialités d'autres cultures comme la culture française qui, sans qu'elle se l'avoue toujours, continue aujourd'hui de professer un amour intense pour ce fromage. Les grands chefs, dont Alain Ducasse, l'ont remis à la mode depuis les années 1980, de telle sorte que les consommateurs français, pourtant grands connaisseurs et amateurs des fromages de leurs pays, lui ont fait une place enviable aux côtés des camemberts et des comtés.

Introduction

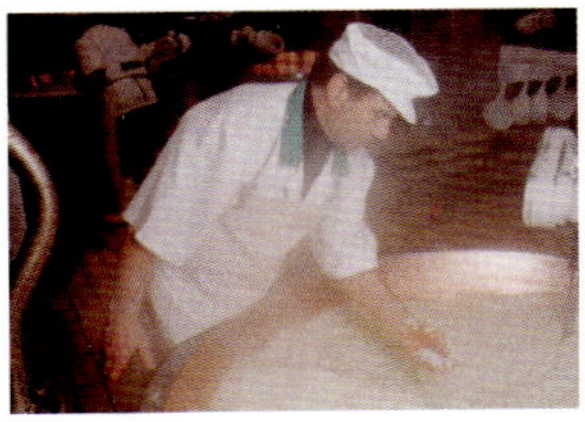

LA PRODUCTION ET L'AFFINAGE

Le parmigiano reggiano est un fromage à pâte cuite mais non-pressée, qui fait partie d'une catégorie assez unique à l'Italie, les granas, que l'on qualifie ainsi à cause de la texture granuleuse et friable de la pâte une fois vieillie. Dans les spécimens les plus mûrs, vieillis parfois jusqu'à 48 mois, la pâte montre une structure fine, croustillante avec de petits cristaux blancs qui s'effritent sous les doigts, et de longs copeaux qui se détachent du centre de la meule vers l'extérieur. Les granas sont assez typiques du nord de l'Italie où l'on en trouve d'autres variétés, par exemple le grana padano, le bagoss et le bitto de Lombardie, ou encore le grana trentino de la région frontalière avec la Suisse et l'Autriche. Ce n'est pas étonnant que, pendant des siècles, les Italiens se sont affrontés pour déterminer lequel de ces fromages était le meilleur.

Aboutissement d'un très grand lignage, le parmigiano reggiano tel qu'on le connaît aujourd'hui est préparé avec la même technique, à peu près inchangée, depuis plus de 700 ans. Dans la région de Reggio-Emilia, de Parme, de Modène, de Mantoue et de Bologne, il est produit par un peu plus de 500 *caselli* – que nous appellerions «fromageries» en français –, à la différence près qu'ils ne se spécialisent pas dans la vente mais uniquement dans la fabrication du fromage. En utilisant le lait de près de 250000 vaches appartenant à plus de 5000 fermes situées dans la zone protégée, on fabrique dorénavant le fromage à longueur d'année (alors qu'autrefois la production s'échelonnait d'avril à novembre, exclusivement). Les producteurs doivent suivre un processus de fabrication et de maturation complexes, lequel est soumis à une série de règlements et de décrets dont l'origine remonte aux années 1920. Les vaches qui fournissent le lait pour la fabrication de ce fromage sont principalement la *lugana* (ou suisse alpine) et surtout la *frisona italiana* (depuis 1875). Ces espèces descendent des Holstein américaines et hollandaises. Ces véritables machines à lait ont presque entièrement remplacé la *rossa reggiana* et la *bianca modenese* locales, peut-être les plus anciennes espèces de bovins de l'Europe méditerranéenne, dont les pis sont mal adaptés à la traite mécanique, même si leur lait est d'une qualité inestimable.

La première étape de production s'applique au lait. La traite a lieu seulement deux fois par jour dans les fermes de la région. On apporte le lait du soir à la fromagerie et on le laisse reposer dans de grands plateaux en inox pendant la nuit, ce qui permet à la crème et au lait de se séparer spontanément. Le lendemain matin, on écrème partiellement ce lait, qu'on mélange ensuite à la récolte de lait entier du matin. Le lait repose dans de larges contenants en cuivre, matériau par ailleurs idéal, non seulement à cause de son excellente conductivité, mais aussi parce qu'il provoque et facilite la réaction acide du lait. À ce stade, le maître fromager doit évaluer le niveau d'écrémage en calculant la quantité de caséine (protéine) contenue dans le lait. Il faut idéalement laisser un peu de gras dans le lait, puisque c'est ce qui assure le bon vieillissement du fromage. Naturellement, la quantité de caséine varie selon l'époque de l'année: plus il fait froid et plus les vaches donnent un lait riche en protéines. À l'automne, le lait aura un contenu en gras plus élevé, de sorte que le fromage sera plus riche. Ces données importantes font de la production du fromage une affaire assez délicate. D'où l'importance d'un bon maître fromager aux commandes de chaque fromagerie.

Dans la phase suivante, on ajoute au lait les ferments naturels (une portion du lactosérum du fromage produit la veille) et les enzymes digestives (la présure) tirées de l'estomac (la caillette) des jeunes ruminants. On le chauffe ensuite dans les vasques en cuivre jusqu'à ce que se forment les caillés, au bout d'une quinzaine de minutes. On fractionne ensuite ces derniers à la main, avec une sorte de pioche en forme de fouet, le *spino*. Aujourd'hui, le processus est presque entièrement contrôlé par le maître fromager qui se sert des thermomètres électroniques ou ordinaires, mais cela ne diminue pas l'importance du travail manuel, tout au contraire. Il doit surveiller chaque opération avec précaution, étant donné que les décisions qu'il prendra tout au long des étapes de production seront cruciales pour la qualité du fromage. En ce sens, les parmigiano reggiano ont également une personnalité propre à chaque fromagerie.

Une fois coagulés et de texture homogène, les caillés prennent la forme d'une grosse boule et sont par la suite égouttés dans de grandes étoffes. Cela permet de les dégager de la vasque en cuivre, de les laisser égoutter et de les déposer ensuite dans des cercles en plastique ou en bois. Tout ce travail est fait à la main, par équipe, avec le maître fromager aux commandes.

On laisse ensuite reposer les caillés pendant quelques heures dans ces moulages surmontés d'un poids afin d'en extraire tout le lactosérum, c'est-à-dire le petit-lait, qui reste au fond des cubes. Ce lactosérum sera alors recueilli et servira de nourriture pour les porcs de la région (qui seront transformés en délicieux prosciutto et en saucissons!).

Les meules sont par la suite transférées dans des chambres à première maturation. Elles sont ensuite moulées dans un carcan de métal intercalé avec une bande en plastique (fournie par le Consortium à chaque fromagerie selon la production quotidienne) qui sert de matrice. Le label «Parmigiano-Reggiano» s'imprime alors uniquement par pression, indiquant le mois et l'année de production ainsi que le numéro du producteur. Cela permet une traçabilité à toute épreuve, car chaque meule est associée à une fromagerie. On attribue à chaque région une série de chiffres. Par exemple, les laiteries autour de la ville de Parme utilisent les chiffres de 2001 à 2500 et de 3001 à 3333 pour leurs fromages. Ces fromages en meule reposent dans une chambre à température contrôlée, de manière qu'ils ne soient ni trop chauds, ni trop froids pendant deux à trois jours et chaque meule est retournée

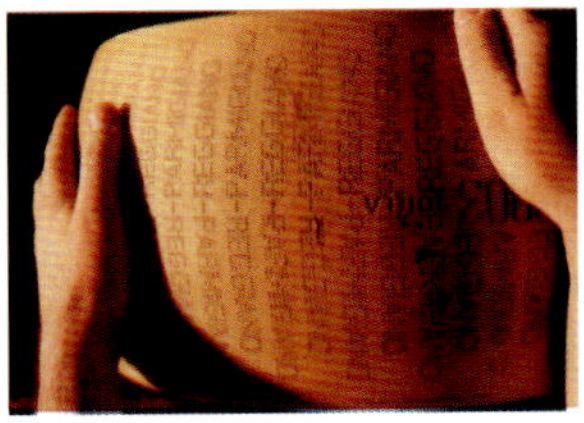

quotidiennement. Ainsi, les meules s'aplatissent par gravité et prennent leur forme définitive.

L'étape suivante est le salage. Il est à noter que le sel est le seul produit non animal qui entre dans la composition du parmigiano reggiano. On apporte les meules dans des chambres fraîches et sombres pour les déposer dans de longs bassins de béton remplis d'eau salée. Elles y resteront de 20 à 25 jours, et chacune sera retournée une fois par jour pour assurer un salage uniforme.

Il ne reste ensuite qu'à laisser au parmigiano reggiano le temps de vieillir à point. On transporte les meules dans des entrepôts à température contrôlée et on les laisse mûrir sur des étagères en bois pendant douze mois. La première inspection a lieu après cette année d'affinage, ce qui permet d'établir si les fromages sont conformes aux normes établies par le Consortium. Si c'est le cas, on les remet sur les étagères où elles finissent de vieillir, ce qui prend jusqu'à 48 mois dans certains cas. Sinon – si les bactéries favorisent la formation de bulles ou de trous, par exemple –, l'inspecteur marquera les fromages affectés et l'appellation « Parmigiano-Reggiano » sera effacée de sur la croûte à l'aide d'une machine spécifique. Car un parmigiano reggiano, ce n'est pas un emmenthal. C'est pourquoi, même si ces fromages ne sont pas immangeables, on ne pourra pas les revendre au même prix et avec le nom du label.

Ces immenses entrepôts peuvent contenir jusqu'à 300 000 meules pesant de 30 à 40 kilos (chacune faite avec environ 600 litres de lait) et pouvant valoir jusqu'à 1000 $ chacune sur le marché de détail. Il n'est pas étonnant qu'elles soient parfois la cible d'un nouveau fléau : le vol !

LES PROTECTIONS LÉGALES, LE CONSORTIUM ET LES DOP EN EUROPE

Les appellations contrôlées sont souvent des outils juridiques contestés. En effet, des producteurs sérieux estiment qu'ils limitent la quantité et la créativité en voulant protéger la qualité et l'origine d'un produit. Cependant, du point de vue du consommateur, les seules marques de reconnaissance authentiques et protégées qui existent en Europe et dans le monde, et qui certifient la qualité et surtout l'origine d'un produit alimentaire sont les AOP ou les DOP[2]. Ces appellations garantissent avant tout l'origine géographique du produit, mais aussi son terroir, le climat, les traditions des peuples qui habitent les zones de production et qui ont mis des produits au point. Sans l'ère d'industrialisation exponentielle des produits alimentaires que l'on connaît depuis cinquante ans, nous n'aurions pas be-

2 ***Denominazione di origine protetta*** ou DOP, qui signifie « dénomination d'origine protégée » est le label italien correspondant à l'appellation d'origine contrôlée (AOC). Ce label entre dans le cadre de la protection européenne des appellations ***Protected Designation of Origine*** (PDO), soit « appellation d'origine protégée » (AOP).

soin de ces appellations pour nous protéger des fraudes et des contrefaçons. Bref, les AOP sont nées, d'une part de la rencontre de l'industrie agroalimentaire et, d'autre part, de la volonté de protéger les aliments produits avec un savoir-faire artisanal.

Dans le cas du parmigiano reggiano, on dit partout que le fromage est artisanal, grâce à la main-d'œuvre et à la «manualité» du métier, même si on a tendance à l'apparenter à la fabrication à grande échelle, avec plus de 3 millions de meules par année, produites par plus de 500 fromageries à travers la *zona tipica*. Mais qu'on se comprenne bien: dans le contexte de production méga industrielle que l'on connaît actuellement, une semaine suffirait à produire 3 millions de meules. Par contre, dans le cas de la production du parmigiano reggiano conforme aux normes de l'AOP, il s'écoule plus de trois semaines avant que le fromage ne soit prêt pour l'affinage. Le type de production se rapproche davantage de la méthode artisanale qu'industrielle, si l'on considère le temps nécessaire à la production et à la maturation, l'utilisation de produits entièrement naturels à toutes les étapes de production– incluant l'alimentation des bêtes –, et jusqu'à l'étape mécanique de caillage du lait et, enfin, le temps d'affinage le plus long parmi tous les fromages produits à grande échelle.

La bataille pour préserver la qualité et l'avenir du parmigiano reggiano a été difficile et ardue. Il a fallu des années de débats juridiques dont le but était à la fois de débroussailler et de resserrer les liens entre les producteurs de fromages et ceux qui en faisaient le commerce. De fait, nous pourrions affirmer que c'est ce débat qui est à la source de toutes les appellations contrôlées dans tous les pays européens.

Au début du XXe siècle, le parmigiano reggiano ne portait pas encore officiellement ce nom. La première joute a eu lieu entre les villes de Parme et de Reggio-Emilia, mais aussi de Modène, de Mantoue et de Bologne, les centres agricoles de production fromagère en Émilie-Romagne. Aucune solution n'avait été adoptée avant la première guerre mondiale et les fromages de chaque région portaient le nom de la ville où ils avaient été fabriqués: grana parmigiano reggiano, grana modenese, grana reggio emilia.

Le déclencheur a été la compétition internationale, après 1918. L'Argentine commençait tout juste à commercialiser un fromage qu'elle s'apprêtait à baptiser «reggianito» (petit reggiano), rien de moins! Pour les Italiens et les Français, surtout, il fallait réagir pour protéger les noms des produits locaux déjà anciens et les nouveaux qui arrivaient sur le marché. Ainsi, en 1926, au cours d'un congrès de producteurs laitiers et de marchands, on a décidé de créer des outils juridiques afin de protéger des noms des fromages «basés sur la région d'origine» afin de prévenir toute falsification ou usurpation des noms des fromages. Les premiers fromages à en avoir bénéficié ont été le roquefort (1926) puis le brillat-savarin (1929). Cinq ans plus tard, le Consortium du fromage Parmigiano-Reggiano, dont le mandat était d'abord de protéger l'appellation et la qualité générale de la production, mais aussi d'en promouvoir le commerce, fut créé. Puis en 1951, le nom «parmigiano reggiano» (même si la DOP n'a officiellement été obtenue qu'en 1996) est consacré en même temps que 22 fromages européens, dont 7 italiens (entres autres le gorgonzola, le fontina, le pecorino romano et, incidemment, le grand rival du parmigiano reggiano, le grana padano). Ce n'est toutefois qu'en 1957 que l'actuel Consortium a été reconnu par un décret qui confie à l'organisme la surveillance officielle du produit ainsi que la tâche d'appliquer le label de garantie sur chaque fromage.

Aujourd'hui, il revient encore au Consortium de défendre l'appellation, ce qu'il fait avec beaucoup de vigueur. Cela déplaît à plusieurs, particulièrement aux commerçants étrangers qui vendent encore souvent des fromages de type «grana» sous le nom «parmigiano», ce qui est totalement illégal. En d'autres termes, on retrouve parfois des fromages qui usurpent l'appellation. Si la marque «parmigiano reggiano» n'apparaît pas sur la croûte, ce n'en est pas, point. Au Canada, où la marque est pourtant déposée, il arrive que, chez certains détaillants, l'on commercialise un fromage produit dans les régions voisines ou des fromages déclassés sous une appellation qui évoque l'originale. Malgré les pressions et les actes de vérification que tente de prescrire le Consortium, il est difficile de surveiller tout ce qui se fait dans les fromageries à l'étranger, surtout si les gouvernements n'imposent pas de lois contraignantes à cet égard. Il en va aussi de la responsabilité et de l'éthique des commerçants eux-mêmes qui ne peuvent se servir du nom d'un produit pour en vendre un autre. Mais les choses bougent et les dispositions légales, les menaces de poursuites et autres manifestations d'impatience commerciales, commencent à forcer les gouvernements à réfléchir à des lois qui protégeraient non seulement les producteurs à la source, mais aussi les consommateurs qui ne doivent pas payer plus que nécessaire pour des produits de qualité inférieure.

Enfin, dans les règles qu'impose le Consortium du fromage Parmigiano-Reggiano à ses producteurs, il y a plusieurs articles inscrits dans une charte du contrôle de la qualité. Il est y question, entre autres, de l'âge minimum des vaches en lactation (plus de 6 mois) et du type de fourrage obligatoire, entièrement de source locale, pour un maximum de 15 kilos par jour par animal. La charte indique aussi les interdits: aucun pesticide sur les fourrages, aucun médicament ni aliment de source autre que végétale prescrite par le Consortium, aucun produit de source non animale (sauf le sel) dans la fabrication générale du fromage. Le Consortium réglemente aussi le poids et la forme de la meule, le pourcentage de matières grasses et jusqu'à l'épaisseur de la croûte une fois durcie. Bref, le produit est contrôlé de la naissance des vaches jusqu'au vieillissement des meules.

PARMIGIANO REGGIANO, SANTÉ ET FÉLICITÉ

Il faut apporter une précision sur le rôle du fromage dans l'alimentation. Même si les gras sont souvent diabolisés par les temps qui courent, le fromage occupe une place à part, étant donné son apport énergétique général. Le parmigiano reggiano, fait de lait partiellement écrémé, a une teneur en matières grasses relativement faible, en moyenne, 28 p. 100. Il se place donc au rang des fromages les moins caloriques, si on le compare aux autres fromages de qualité de la péninsule italienne. Le provolone, par exemple, contient au moins 45 p. 100 de matières grasses et l'asiago, au moins 35 p. 100. Il compte donc parmi les fromages les plus riches en protéines et les plus pauvres en cholestérol.

Par contre, plus un fromage contient de matières grasses, plus il est possible de le laisser vieillir. C'est le gras et les protéines qui donnent au parmigiano reggiano son goût complexe, son fini marqué et sa merveilleuse longueur en bouche, ce goût persistant qui reste longtemps sur la langue. C'est aussi grâce aux protéines si, en mûrissant, le parmigiano reggiano acquiert cette texture granuleuse, faites de cristaux fondants tirosine (acide aminé), un effet que j'ai toujours associé au sucre, et même parfois au caramel. Et cela, sans jamais que le fromage ne devienne sableux ou amer. Il est donc important au moment de la fabrication de chaque fromage de bien doser la proportion de crème et de protéines lactiques.

De plus, comme c'est le cas pour tous les fromages – a priori ceux qui sont vieillis –, le parmigiano reggiano ne contient aucun lactose ni galactose. Dès les premières heures de la production, les bactéries lactiques se développent rapidement et métabolisent tout le lactose en moins de dix heures. Le fromage est donc parfaitement digeste et ne contient aucun élément allergène (particulièrement le lactose).

D'un point de vue diététique, les avantages sont multiples. Un kilo de parmigiano reggiano contient 16 à 17 litres de lait. Il s'agit donc d'un aliment riche en protéines, en calcium, en phosphore et en vitamines, et il constitue une excellente source d'énergie.

On peut aussi affirmer que le parmigiano reggiano n'a subi aucune transformation artificielle. On n'utilise, lors de sa fabrication, que des produits issus de la terre et des animaux, en conjonction avec la chaleur et l'intervention humaine. On ne fait usage d'aucun produit chimique, ni d'agents «anti-fermentation», ni même d'encre pour colorer la croûte. L'estampillage se fait avec une bande en plastique et le label final, apposé après douze mois d'affinage est directement brûlé sur la croûte. Voilà pourquoi, une fois le cœur râpé, on peut très bien utiliser le reste des croûtes pour parfumer les soupes, par exemple.

Mais au-delà de la qualité nutritive, il y a surtout les multiples usages que l'on peut faire du parmigiano reggiano. Son rôle traditionnel est de condimenter les pâtes, les risottos, les minestrones et autres soupes et de plus en plus les pizzas. On en fait même des douceurs, des glaces et, dans les restaurants les plus audacieux, des *semifreddi*. En outre, toutes les personnes à qui j'en ai parlé dans la province d'Émilie-Romagne, à Reggio Emilia à Parme, à Bologne, à Modène et à Mantoue, tant au resto qu'au cours de rencontres professionnelles ou dans les cours de cuisine que j'ai pris avec des professeurs natifs de la région, on m'a affirmé que le parmigiano reggiano n'est autant à son meilleur que simplement servi en morceaux, coupé au couteau à même la meule et servi simplement sur une assiette en amuse-bouche ou à la fin du repas. Ou comme c'est parfois le cas à Modène, nappé d'une seule goutte de vinaigre balsamique *tradizionale*. Au fond, la simplicité finit toujours par remporter l'approbation générale. Or, en cuisine italienne, rien ne se rapproche plus de l'idéal de perfection gastronomique, voire de la perfection tout court, que la simplicité.

CONSORZIO
TUTELA
REGGIANO

DOP

ENTRÉES

ANTIPASTI

Asperges, tomates jaunes, œufs de caille pochés et émulsion de parmigiano reggiano

4 portions

INGRÉDIENTS

- 2 tomates Roma jaunes, épépinées et coupées en dés
- 1 c. à soupe de persil plat, haché
- 1 c. à soupe de ciboulette, ciselée
- 2 c. à soupe d'huile d'olive extravierge
- Sel et poivre
- 20 asperges
- 12 œufs de cailles

ÉMULSION DE PARMIGIANO REGGIANO

- 1 jaune d'œuf
- 30 g (1/4 tasse) de parmigiano reggiano, râpé
- 2 c. à soupe d'eau
- 100 ml (1/3 tasse + 1 c. à soupe) d'huile de truffe
- Sel de mer

DRESSAGE

- Mesclun miniature

PRÉPARATION

Asparagi con pomodori gialli uova di quaglia e emulsione di parmigiano reggiano
— E. Galasso

- Mélanger les tomates, le persil, la ciboulette, l'huile d'olive. Saler et poivrer.
- Cuire les asperges dans l'eau bouillante salée jusqu'à ce qu'elles soient tendres et réserver à la température ambiante.
- Cuire les œufs de caille dans l'eau bouillante pendant 3 min. Écaler et couper en deux. Réserver pour le dressage.

ÉMULSION DE PARMIGIANO REGGIANO

- Dans un mélangeur, mixer le jaune d'œuf, le parmigiano reggiano et l'eau jusqu'à consistance homogène. Ajouter graduellement l'huile de truffe en filet. Saler.

DRESSAGE

- Disposer un peu de tomates au centre de chaque assiette, ajouter les asperges, l'émulsion au parmigiano reggiano et garnir de mesclun miniature.

Carpaccio de poires bosc, petite salade de roquette, parmigiano reggiano et vinaigre balsamique traditionnel de Modène

4 portions

Carpaccio di pere bosc, insalatina di rucola, parmigiano reggiano e aceto balsamico tradizionale di Modena
— P. Vari

Ingrédients

- 12 lamelles de parmigiano reggiano
- 125 ml (½ tasse) d'huile d'olive extravierge
- 3 c. à soupe de vinaigre balsamique traditionnel de Modène
- Sel et poivre noir moulu
- 2 poires bosc, coupées en deux, évidées et coupées en tranches très fines
- 2 paquets de roquette, équeutés, lavés et égouttés

NOTE : Si le vinaigre balsamique traditionnel de Modène n'est pas disponible chez votre épicier, il est conseillé d'utiliser un vinaigre balsamique de Modène non traditionnel, qui répondra bien à votre goût et à votre budget.

Préparation

- À l'aide d'un couteau économe bien affûté, couper des lamelles de parmigiano reggiano.
- Dans un bol, mélanger l'huile, le vinaigre, le sel et le poivre. Réserver.
- Tapisser chaque assiette de tranches de poires. Au centre, créer un monticule de roquette et garnir de copeaux de parmigiano reggiano.
- Arroser de vinaigrette et servir.

Brochettes de parmigiano reggiano et spaghettis au coulis de tomate à l'huile d'olive extravierge

4 portions

Spiedini di pamigiano reggiano e spaghetti, salsa cruda di pomodoro e olio d'oliva extravergine
— P. Vari

- 4 tomates mûres, mondées, coupées en deux et épépinées
- 125 ml (½ tasse) d'huile d'olive extravierge
- Sel et poivre noir moulu
- 4 feuilles de basilic
- 120 g (4 oz) de spaghettis
- 360 g (12 oz) de parmigiano reggiano, en gros dés
- Huile à friture
- 12 pluches de cerfeuil

- Faire tremper des brochettes de bois 30 min dans l'eau.
- Dans un mélangeur, pulser la chair de tomate, l'huile, le sel, le poivre et le basilic.
- Dans une casserole remplie d'eau bouillante salée, cuire les spaghettis al dente. Égoutter et laisser refroidir.
- Insérer un morceau de parmigiano reggiano au bout de chaque brochette. Rouler quelques spaghettis autour du parmigiano et frire dans une huile bien chaude.
- Servir les brochettes avec le coulis de tomate cru et quelques pluches de cerfeuil.

Carpaccio de poire bosc, petite salade de roquette, parmigiano reggiano et vinaigre balsamique traditionnel de Modène

Brochettes de parmigiano reggiano et spaghettis au coulis de tomate à l'huile d'olive extravierge

Fougasse au romarin (p. 24)

Flan de parmigiano reggiano, sauce aux cèpes et chips d'artichaut (p.25)

Fougasse au romarin

4 portions

Focaccia al rosmarino
— I. Brotto

INGRÉDIENTS

- 250 g (1 ⅔ tasse) de farine tout usage
- 250 g (1 ⅔ tasse) de semoule de blé dur
- 1 c. à café (1 c. à thé) de sel
- 20 g (¾ oz) de levure fraîche
- 160 ml (⅔ tasse) d'eau
- 100 ml (⅓ tasse + 1 c. à soupe) d'eau
- 100 ml (⅓ tasse + 1 c. à soupe) d'huile d'olive
- 80 g (⅔ tasse) de parmigiano reggiano, râpé
- 5 brins de romarin frais, haché
- 24 olives noires, dénoyautées

PRÉPARATION

- Dans un bol, mélanger le tiers de la farine, la semoule et le sel. Mélanger la levure dans 160 ml (⅔ tasse) d'eau à la température ambiante.
- Former un puits au centre et verser le mélange d'eau et de levure. Remuer délicatement, jusqu'à l'obtention d'une pâte molle et collante. Mettre le reste de la farine autour de la pâte molle et couvrir. Laisser lever environ 20 min. Le mélange aura presque doublé et, à la surface, quelques bulles auront commencé à éclater.
- Ajouter le reste de l'eau et 80 ml (⅓ tasse) d'huile d'olive. Pétrir pendant 10 min pour obtenir une pâte lisse et élastique.
- Ajouter le parmigiano reggiano et les ⅘ du romarin, abaisser légèrement la pâte pour lui donner la forme et la taille du moule de cuisson puis la mettre dans le moule préalablement huilé.
- Couvrir et laisser lever au moins pendant 45 min.
- Pratiquer des trous dans la pâte, à distance régulière, avec 2 doigts huilés et insérer les olives dans les trous. Arroser la surface de la focaccia d'huile et saupoudrer avec le romarin restant. Couvrir et laisser lever encore 30 min.
- Cuire au four préchauffé à 200 °C (400 °F) pendant 30 min.

Flan de parmigiano reggiano sauce aux cèpes et chips d'artichaut

INGRÉDIENTS

FLAN

- 125 ml (½ tasse) de lait
- 250 ml (1 tasse) de crème 35 %
- 3 c. à soupe de beurre non salé
- 45 g (¼ tasse) de farine tout usage
- 120 g (1 tasse) de parmigiano reggiano, fraîchement râpé
- 6 jaunes d'œufs
- Sel et poivre noir moulu
- Une pincée de muscade moulue

SAUCE

- 4 c. à soupe de beurre non salé
- 1 échalote, hachée
- 200 g (3 ⅔ tasses) de cèpes
- 125 ml (½ tasse) de vin blanc
- 250 ml (1 tasse) de sauce demi-glace
- 125 ml (½ tasse) de crème 35 %
- Sel et poivre

CHIPS D'ARTICHAUT

- 1 artichaut
- Huile végétale

PRÉPARATION

4 portions

Sformato di parmigiano reggiano, salsa ai porcini e chips di carciofi
— P. Vari

FLAN

- Dans une casserole, chauffer le lait et la crème.
- Dans une autre casserole, faire un roux en mélangeant le beurre et la farine. Incorporer le lait et la crème chaude dans le roux froid. Mélanger à l'aide d'une cuillère de bois et cuire à feu doux pendant 4 min.
- Ajouter le parmigiano reggiano, les jaunes d'œufs, le sel, le poivre et la muscade.
- Préchauffer le four à 120 °C (250 °F). Verser le mélange dans des ramequins de 80 ml (⅓ tasse) et cuire pendant 55 min dans un bain-marie.
- Laisser refroidir 5 min. avant de démouler.

SAUCE

- Dans une casserole, chauffer 2 c. à soupe de beurre et faire suer les échalotes et les cèpes.
- Mouiller avec le vin blanc et laisser réduire à sec. Ajouter la demi-glace et laisser cuire 10 min.
- Ajouter la crème, saler et poivrer.
- Terminer la sauce en ajoutant le beurre restant.

CHIPS D'ARTICHAUT

- Supprimer les feuilles extérieures et coriaces de l'artichaut, puis couper les pointes.
- Supprimer la moitié de la tige et éplucher la tige et le fond.
- Ouvrir l'artichaut délicatement et retirer le foin à l'aide d'une cuillère.
- À l'aide d'une mandoline, couper en fines tranches et frire immédiatement dans un peu d'huile.

DRESSAGE

- Disposer le flan au centre de chaque assiette, napper de sauce et garnir de chips d'artichaut.

Moules gratinées

Pizza aux bettes à carde, aux olives et au parmigiano reggiano (p.24)

Piadine farcie (p.29)

Panzanella aux tomates cerises mélangées (p.29)

INGRÉDIENTS

MOULES
- 300 g (10 oz) de moules
- 60 ml (¼ tasse) d'huile d'olive extravierge
- 1 gousse d'ail, écrasée

FARCE
- 80 g (2 tasses) de mie de pain sans la croûte, en petits dés
- 60 ml (¼ tasse) d'huile d'olive extravierge
- 1 échalote, hachée finement
- 1 gousse d'ail, hachée
- 75 g (1 ¼ tasse) de champignons, hachés
- 1 c. à soupe de persil plat, haché
- Sel et poivre

DRESSAGE
- 2 c. à soupe d'huile d'olive extravierge
- 1 c. à café (1 c. à thé) de chapelure
- 30 g (¼ tasse) de parmigiano reggiano, râpé

PRÉPARATION

Moules gratinées

4 portions

Cozze gratinate
— P. Vari

On peut servir ces moules gratinées à table en entrée ou sur un plateau comme amuse-gueule pendant l'apéritif.

MOULES
- Laver les moules à grande eau, les remuer énergiquement dans un bol avec du gros sel et de l'eau froide une dizaine de minutes afin d'éliminer le sable. Rincer et égoutter.
- Dans une casserole, chauffer l'huile, faire dorer l'ail, ajouter les moules et cuire à couvert jusqu'à ce qu'elles s'ouvrent.
- Laisser refroidir et conserver le jus de cuisson. Vider la chair et récupérer un côté de la coquille.

FARCE
- Faire tremper la mie de pain 5 min dans le jus de cuisson.
- Pendant ce temps, dans une casserole, chauffer l'huile d'olive et faire suer l'échalote et l'ail. Ajouter les champignons et cuire 3 min à feu doux. Retirer du feu et ajouter le pain ramolli et le persil. Saler, poivrer et mélanger énergiquement jusqu'à l'obtention d'une purée lisse.

DRESSAGE
- Préchauffer le four à 180 °C (350 °F).
- Dans chaque coquille, mettre une moule et couvrir avec le mélange aux champignons et à la mie de pain.
- Disposer les moules farcies dans un plat allant au four, arroser d'un filet d'huile, saupoudrer légèrement de chapelure et de parmigiano reggiano.
- Cuire 5 min et gratiner 3 min à broil.

Pizza aux bettes à carde, aux olives et au parmigiano reggiano

4 portions

PRÉPARATION

Pizza con bietola, olive e parmigiano reggiano
— P. Vari

PÂTE À PIZZA

- Tamiser la farine, ajouter le sel et former un puits au centre.
- Délayer la levure dans l'eau tiède*.
- Verser l'huile, l'eau et la levure dans le puits.
- Travailler du bout des doigts et ensuite pétrir jusqu'à l'obtention d'une pâte lisse et homogène.
- Couvrir la pâte avec un linge propre et laisser reposer 30 min à température ambiante.
- Diviser la pâte en quatre et laisser reposer 5 min.
- À l'aide d'un rouleau à pâtisserie, sur une surface de travail légèrement farinée, rouler chaque morceau de pâte en lui donnant une forme ronde.
- Dresser les pâtes à pizza sur des tôles légèrement huilées.

GARNITURE

- Dans une grande casserole remplie d'eau bouillante salée, cuire les bettes à carde 3 min. Égoutter et laisser refroidir dans un bol d'eau glacé. Égoutter et réserver.

DRESSAGE

- Préchauffer le four à 250 °C (480 °F).
- Mettre les bettes à carde, les tomates et les olives sur les pâtes à pizza. Arroser d'un peu d'huile.
- Mettre au four. À mi-cuisson, saupoudrer de parmigiano reggiano. Terminer la cuisson* et servir immédiatement.

INGRÉDIENTS

PÂTE À PIZZA

- 480 g (1 lb) de farine tout usage
- 1 c. à soupe de sel fin
- 1 enveloppe de levure sèche
- 300 ml (1 1/4 tasse) d'eau tiède
- 1 c. à soupe d'huile d'olive

GARNITURE

- 1 paquet de bettes à carde, lavé
- 1 barquette de tomates cerises, coupées en deux
- 40 olives noires, dénoyautées
- 125 ml (1/2 tasse) d'huile d'olive extravierge
- 150 g (1 1/4 tasse) de parmigiano reggiano, râpé

*** Laisser activer la levure 2 min dans l'eau tiède pour un meilleur résultat. L'eau trop chaude brûlera la levure et l'eau trop froide ne l'activera pas.**

*** La pizza est cuite lorsqu'il est possible de soulever la croûte à l'aide d'une fourchette sans que la pizza ne plie.**

INGRÉDIENTS

PIADINE

- 200 g (1 ½ tasse) de farine, tamisée
- Une pincée de sel
- 1 ½ c. à soupe de saindoux
- ½ c. à soupe de levure fraîche
- 80 ml (⅓ tasse) d'eau tiède

GARNITURE

- 120 g (4 oz) de parmigiano reggiano, en tranches fines
- 160 g (5 ½ oz) de prosciutto cru, en tranches fines
- 60 g (2 tasses) de pousses de roquette

PANZANELLA

- 3 pains secs italiens
- 6 tomates cerises rouges, en tranches et en quartiers
- 6 tomates raisins orange, en tranches et en quartiers
- 6 tomates cerises « vert zébra », en tranches et en quartiers
- 6 tomates cerises jaunes, en tranches et en quartiers
- 6 tomates cerises noires, en tranches et en quartiers
- 1 gousse d'ail, hachée
- 1 c. à soupe de persil plat, haché
- 1 c. à soupe de basilic, haché
- 3 c. à soupe d'huile d'olive extravierge
- 4 c. à café (4 c. à thé) de vinaigre de vin rouge
- Sel et poivre
- Parmigiano reggiano, en copeaux (5 à 6 par portion)

PRÉPARATION

Piadine farcie

4 portions

Piadina ripiena

— I. Brotto

La piadine est un pain typique de la région de l'Émilie-Romagne. Une façon traditionnelle de la consommer est avec la porchetta*, c'est-à-dire le cochon rôti à la broche.*

PIADINE

- Mettre la farine dans une terrine, ajouter le sel, le saindoux et bien mélanger.
- Dissoudre la levure dans l'eau tiède et la verser dans la terrine.
- Pétrir avec soin et façonner des boules d'environ 75 g (2 ½ oz) chacune.
- À l'aide d'un rouleau à pâtisserie, abaisser les boules de pâte à une épaisseur d'environ 2 mm (1/16 po). Chauffer une poêle en fonte à feu moyen et cuire les piadines sur les 2 faces jusqu'à ce qu'elles soient colorées.

GARNITURE

- Aussitôt cuites, farcir les piadines de parmigiano reggiano, de prosciutto et de pousses de roquette.

Panzanella aux tomates cerises mélangées

4 portions

Panzanella di pomodorini misti

— E. Galasso

- Casser le pain en petits morceaux et le faire tremper dans un bol d'eau. Réserver.
- Dans un grand bol, mélanger tous les ingrédients, ajouter le pain réhydraté. Laisser reposer à la température ambiante 15 min.

DRESSAGE

- Mettre un peu de préparation dans chaque assiette et garnir de copeaux de parmigiano reggiano.

Salade de chicorée aux betteraves, aux figues, au gorgonzola, au parmigiano reggiano et vinaigrette au sangiovese et à la cire d'abeille

4 portions

PRÉPARATION

Insalata di cicoria e rape rosse con fichi, gorgonzola e parmigiano reggiano con condimento d'aceto sangiovese e cera d'api
— E. Galasso

- Mettre les betteraves dans une casserole remplie d'eau et porter à ébullition. Cuire jusqu'à ce qu'elles soient tendres.
- Égoutter, éplucher et couper en fines tranches. Réserver.

VINAIGRETTE
- Dans un bol, mélanger tous les ingrédients à l'aide d'un fouet et réserver.

SALADE DE CHICORÉE
- Dans un bol, mélanger tous les ingrédients qui composent la salade, arroser de vinaigrette et bien mélanger.

DRESSAGE
- Tapisser le fond de chaque assiette de tranches de betteraves et disposer la salade par-dessus.

INGRÉDIENTS

- 4 betteraves

VINAIGRETTE
- 2 c. à soupe de vinaigre sangiovese
- 80 ml (1/3 tasse) d'huile d'olive extravierge
- 1 c. à soupe de miel
- Sel et poivre

SALADE DE CHICORÉE
- 360 g (12 oz) de chicorée, coupée et lavée
- 4 figues, coupées en quartiers
- 90 g (3 oz) de gorgonzola, en morceaux
- 90 g (3 oz) de parmigiano reggiano, en morceaux
- 60 g (2 oz) de cire d'abeille, en morceaux

Ris de veau caramélisés au vinaigre balsamique

4 portions

Animelle caramellizzate all'aceto balsamico
— I. Brotto

INGRÉDIENTS

COURT-BOUILLON

- 2 litres (8 tasses) d'eau
- 30 g (1/4 tasse) de céleri, en petits dés
- 30 g (1/4 tasse) de carottes, en petits dés
- 30 g (1/4 tasse) d'oignons, en petits dés
- 1 bouquet garni
- Le jus d'un demi-citron

RIS DE VEAU

- 200 g (7 oz) de ris de veau
- 2 c. à soupe de farine
- 3 c. à soupe d'huile végétale
- 60 ml (1/4 tasse) de vinaigre balsamique
- 80 ml (1/3 tasse) de fond brun de veau
- Sel et poivre fraîchement moulu
- 16 carrés de polenta, grillés
- 16 tranches de parmigiano reggiano
- 16 pointes d'asperges, blanchies

PRÉPARATION

COURT-BOUILLON

- Dans une casserole, mettre tous les ingrédients et amener à ébullition. Laisser mijoter 30 min.

RIS DE VEAU

- Dans un poêlon, chauffer le court-bouillon et blanchir les ris de veau quelques minutes. Se débarrasser ensuite de la membrane élastique qui les recouvre. Couper en petits lobes et fariner.
- Dans une poêle, chauffer l'huile et faire revenir les lobes.
- Jeter le gras de cuisson et déglacer avec le vinaigre balsamique. Laisser réduire de moitié et ajouter le fond brun de veau. Saler et poivrer.
- Laisser réduire jusqu'à ce que la sauce devienne sirupeuse et adhère bien aux lobes de ris de veau.
- Servir chaud sur un croûton de polenta grillée, garnir de parmigiano reggiano et de pointes d'asperge.

Tartelettes aux tomates confites, glace au parmigiano reggiano et mousse au basilic

PRÉPARATION

4 portions

Tortino di pomodoro con gelato di parmigiano reggiano e spuma di basilico
— E. Galasso

TARTELETTES AUX TOMATES CONFITES

- Dans une casserole, verser l'eau, ajouter le sucre et faire dorer le tout. Déglacer avec le vinaigre en remuant.
- Mettre ce mélange dans des ramequins de 120 g (4 oz) et laisser refroidir. Disposer dans chaque ramequin les tomates en étages, tartiner d'ail, saupoudrer de sauge, saler et poivrer.
- Recouvrir de pâte feuilletée et badigeonner avec la dorure.

DORURE

- Dans un petit bol, mélanger l'œuf et le lait.

GLACE AU PARMIGIANO REGGIANO

- Dans un bain-marie, faire chauffer la crème, le parmigiano reggiano, un peu de sel et de poivre de Cayenne jusqu'à ce que le fromage soit fondu. Passer le mélange au chinois étamine et laisser refroidir.

PURÉE DE BASILIC

- Mettre tous les ingrédients dans un robot culinaire et hacher finement.
- Ajouter graduellement l'huile d'olive.

DRESSAGE

- Disposer une tartelette de tomate tiède et une quenelle de gelato dans chaque assiette. Garnir de purée de basilic.

INGRÉDIENTS

TARTELETTES AUX TOMATES CONFITES
- 1 c. à soupe d'eau
- 1 c. à soupe de sucre fin
- 3 c. à soupe de vinaigre de vin Zinfandel
- 8 tomates Roma confites, coupées en tranches
- 8 gousses d'ail confites, en purée
- 1 c. à soupe de sauge, hachée
- Sel et poivre
- 400 g (14 oz) de pâte feuilletée

DORURE
- 1 œuf
- 3 c. à soupe de lait

GLACE AU PARMIGIANO REGGIANO
- 500 ml (2 tasses) de crème 35 %
- 325 g (3 1/4 tasses) de parmigiano reggiano, râpé
- 1 c. à café (1 c. à thé) de fleur de sel
- 1 c. à café (1 c. à thé) de poivre de Cayenne

PURÉE DE BASILIC
- (2 tasses) basilic frais
- 25 g parmigiano reggiano
- 1 c. à café (1 c. à thé) gros sel
- 2 gousses d'ail
- 1/3 tasse huile d'olive

Terrine de morue et de pommes de terre et mousse au parmigiano reggiano

12 portions

INGRÉDIENTS

TERRINE

- 480 g (1 lb) de morue salée
- 3 pommes de terre Yukon Gold
- 250 ml (1 tasse) d'huile d'olive extravierge
- 2 c. à soupe de ciboulette, émincée
- Sel et poivre noir moulu
- 4 poivrons rouges, rôtis

MOUSSE

- 3 c. à soupe de lait
- 60 g (½ tasse) de parmigiano reggiano, fraîchement râpé
- Une pincée de muscade moulue
- 125 ml (½ tasse) de crème 35 %

***Cette recette est un peu plus difficile que les autres. Il est conseillé de bien suivre les étapes et, surtout, de prendre son temps.**

PRÉPARATION

Terrina di baccalà e patate, spuma di parmigiano reggiano all'erba cipollina
— P. Vari

TERRINE Laisser tremper la morue dans l'eau froide pendant 3 jours, en changeant l'eau 3 fois par jour. Couper ensuite la morue en gros morceaux.

- Dans une petite casserole avec très peu d'eau bouillante, pocher la morue 4 min et la laisser refroidir dans son eau de cuisson. Réserver.
- Dans une casserole remplie d'eau bouillante salée, cuire les pommes de terre en robe de chambre. Égoutter et laisser refroidir à la température ambiante. Conserver l'eau de cuisson.
- Peler et passer les pommes de terre dans un moulin à légumes pour obtenir une purée lisse et homogène. Ajouter 175 ml (¾ tasse) d'huile, la ciboulette, le sel et le poivre. Réserver.
- Tailler 2 poivrons en 8 morceaux.
- Chemiser une terrine de pellicule plastique. Mettre une couche de purée de pommes de terre, ajouter les morceaux de poivrons. Ajouter une autre couche de purée et les morceaux de morue. Verser un peu d'eau de cuisson sur la morue afin de remplir les espaces vides.
- Réfrigérer 30 min puis ajouter avec une dernière couche de purée. Réfrigérer 2 h, démouler et couper en tranches.

MOUSSE ET COULIS À l'aide d'un mélangeur, faire un coulis avec les 2 autres poivrons. et l'huile restante. Pulser, saler et poivrer. Réserver

- Au bain-marie, faire une fondue avec le lait et le parmigiano reggiano. Saler, poivrer, ajouter la muscade et laisser refroidir.
- Monter la crème et la plier dans la fondue. Réfrigérer immédiatement pendant 10 min.

DRESSAGE Mettre une tranche de terrine dans chaque assiette et garnir d'un trait de coulis et de mousse au parmigiano.

Soufflé aux fleurs de courgettes

4 portions

PRÉPARATION

Souffle ai fiori di zucca
— I. Brotto

Les fleurs de courgettes sont délicieuses et décorent merveilleusement bien les assiettes. Par contre, elles sont très délicates et se fanent rapidement. Il est conseillé de les consommer le jour même de la cueillette.

- Dans une casserole, faire fondre le beurre à feu doux, ajouter la farine et laisser cuire le roux 5 min en prenant soin de le garder pâle. Laisser refroidir.
- Pendant ce temps, chauffer le lait jusqu'à ce qu'il soit bouillant et le verser dans le roux. Porter à ébullition et cuire en fouettant pendant quelques minutes. Saler, poivrer et ajouter le parmigiano reggiano. Laisser tiédir et ajouter les jaunes d'œufs.
- Dans une poêle, chauffer l'huile d'olive et faire suer les oignons et les courgettes.
- Badigeonner des ramequins de beurre, ajouter le mélange de courgettes et d'oignons. Arroser chaque portion de 1 c. à café (1 c. à thé) de brandy.
- Préchauffer le four à 180 °C (350 °F).
- À l'aide d'un fouet, monter les blancs d'œufs en neige et incorporer délicatement en pliant dans le roux refroidi.
- Mettre ce mélange dans les ramequins, au quart de la hauteur, et garnir avec les fleurs de courgettes de façon à mettre la base des fleurs au centre des ramequins et la pointe qui dépasse vers l'extérieur.
- Ajouter le reste du mélange jusqu'à la demie de chaque ramequin et replier les fleurs vers le centre du soufflé.
- Cuire au four environ 30 min.

INGRÉDIENTS

- 60 g (1/4 tasse) de beurre
- 60 g (1/3 tasse) de farine
- 500 ml (2 tasses) de lait
- Sel et poivre
- 120 g (1 tasse) de parmigiano reggiano, râpé
- 6 jaunes d'œufs
- 3 c. à soupe d'huile d'olive
- 1 c. à soupe d'oignons, hachés
- 16 petites courgettes, émincées et leurs fleurs de courgettes, coupées en deux sur la longueur
- 60 ml (1/4 tasse) de brandy
- 8 blancs d'œufs

Émincé de cèpes et cœur de céleri

4 portions

PRÉPARATION

INGRÉDIENTS

- 80 g (2 ½ tasses) de mâche
- 240 g (8 oz) de cèpes frais, émincés
- 1 cœur de céleri, émincé en cheveux d'ange et réservé dans l'eau froide
- Sel et poivre noir moulu
- 125 ml (½ tasse) d'huile d'olive extravierge
- 60 g (2 oz) de copeaux de parmigiano reggiano

Crudo di pocini e cuore di sedano

— I. Brotto

Les cèpes (porcini) *frais ont un parfum et un goût délicats, contrairement aux cèpes séchés qui, eux, ont un parfum puissant, intense et un goût prononcé et complexe.*

- Tapisser les assiettes de mâche.
- Dans un bol, mélanger délicatement les cèpes et le céleri égoutté. Saler, poivrer et arroser généreusement d'huile d'olive.
- Répartir la préparation dans les assiettes et garnir de copeaux de parmigiano reggiano.

Fondue au parmigiano reggiano

4 portions

- 195 g (¾ tasse) de pommes de terre, pelées et coupées en dés de 1,25 cm (½ po)
- 175 ml (¾ tasse) de lait
- 90 g (¾ tasse) de parmigiano reggiano
- 2 jaunes d'œufs
- 1 c. à café (1 c. à thé) de persil frais, haché
- Sel et poivre noir moulu

Fonduta di parmigiano reggiano e verdure

— I. Brotto

- Dans une casserole, mettre les pommes de terre et le lait. Porter à ébullition et laisser mijoter jusqu'à ce qu'elles se brisent facilement. Passer au moulin à légumes.
- Ajouter le parmigiano reggiano et les jaunes d'œufs. Cuire doucement au bain-marie et en mélangeant sans cesse, jusqu'à ce que le fromage soit fondu et les jaunes d'œufs coagulés, juste assez pour épaissir la fondue tout en lui conservant une consistance veloutée. Terminer avec le persil, le sel et le poivre.
- Servir chaud accompagné de vos crudités préférées.

Émincé de cèpes et cœur de céleri

Croustade d'oignons cipolline et d'oignons verts au parmigiano reggiano

4 portions

INGRÉDIENTS

PÂTE BRISÉE

- 120 g (3/4 tasse) de farine tout usage
- Une pincée de sel
- 155 g (5 oz) de beurre non salé
- 80 ml (1/3 tasse) d'eau

GARNITURE

- 150 g (5 oz) d'oignons cipolline
- 4 c. à soupe de beurre
- 2 c. à café (2 c. à thé) de sucre
- 250 ml (1 tasse) de vin rouge sec
- Sel et poivre
- Eau au besoin
- 1 paquet d'oignons verts, en tronçons
- 60 g (2 oz) de parmigiano reggiano, en copeaux

PRÉPARATION

Crostata di cipolle e cipollotti al parmigiano reggiano
— I. Brotto

PÂTE BRISÉE

- Avec un peu de beurre et de farine, graisser et fariner un moule à tarte.
- Dans un bol, mélanger la farine, le sel, le beurre et former un puits au centre. Ajouter l'eau, mélanger et pétrir jusqu'à l'obtention d'un mélange homogène. Réfrigérer.

GARNITURE

- Dans une casserole, mettre les oignons cipolline, le beurre, le sucre et le vin rouge. Saler poivrer et mouiller à hauteur avec l'eau au besoin. Porter à ébullition et cuire à couvert à feu moyen.
- À mi-cuisson, retirer le couvercle et ajouter les oignons verts. Terminer la cuisson en faisant réduire la sauce jusqu'à consistance sirupeuse.
- Foncer le moule à tarte avec la pâte brisée, garnir avec les oignons cipolline et les échalotes puis arroser avec le jus de cuisson.
- Préchauffer le four à 180 °C (350 °F).
- Cuire la tarte au four environ 30 min.
- Cinq minutes avant la fin de la cuisson, saupoudrer de copeaux de parmigiano reggiano.

Asperges blanches et artichauts en salade

4 portions

Insalatina di asparagi bianchi e carciofi
— Brotto

PRÉPARATION

Les asperges blanches de la ville de Bassano del Grappa sont très renommées en Italie du Nord. La récolte se fait de la mi-avril à juin et elles sont protégées par un consortium qui garantit la provenance et la qualité du produit.

- Dans une casserole remplie d'eau bouillante salée, cuire les asperges jusqu'à ce qu'elles soient tendres.
- Pendant ce temps, retirer les feuilles coriaces des artichauts, éplucher les tiges et couper les feuilles du fond puis les pointes pour obtenir les cœurs. Retirer le foin, couper en quartiers et faire sauter à l'huile d'olive.
- Couper les asperges en tronçons de la longueur des quartiers d'artichauts.
- Dans un bol, mélanger, les asperges, les artichauts, le parmigiano reggiano et le persil. Saler, poivrer et arroser d'huile d'olive.
- Partager la salade dans les assiettes et garnir de quelques gouttes de vinaigre balsamique.

INGRÉDIENTS

- 12 asperges blanches, tiges pelées
- 4 artichauts
- 60 ml (1/4 tasse) d'huile d'olive extravierge
- 90 g (3/4 tasse) de parmigiano reggiano, en petits morceaux
- 1 petit bouquet de persil plat, haché grossièrement
- Sel et poivre noir moulu
- 4 c. à café (4 c. à thé) de vinaigre balsamique de Modène

PARMIGIANO

PÂTES, POTAGES ET RISOTTO

PRIMI

Bonbons farcis à la betterave

4 portions

PRÉPARATION

Caramelle alle rape rosse

— I. Brotto

PÂTE

- Dans un bol, mettre la farine et former un puits au centre. Incorporer tous les autres ingrédients pour la pâte et mélanger.
- Mettre la pâte sur un plan de travail et pétrir pendant quelques minutes. La pâte doit être ferme et élastique.
- Ajouter quelques gouttes d'eau en pétrissant si nécessaire. Couvrir d'une pellicule plastique et laisser reposer au réfrigérateur 30 min.

FARCE

- Dans un bol, mélanger le fromage ricotta, la purée de betteraves, le parmigiano reggiano, la chapelure, la muscade, le sel et le poivre. Si le tout semble trop liquide, ajouter un peu plus de chapelure.
- À l'aide d'un rouleau à pâtisserie, abaisser la pâte en minces feuilles, badigeonner d'œuf.
- Mettre une petite cuillerée de farce sur une feuille de pâte en laissant 10 cm (4 po) entre chacune.
- À l'aide d'un emporte-pièce rond, cannelé de 9 cm (3 ½ po) de diamètre, découper la pâte autour de chaque cuillerée de farce. Refermer les pâtes en forme de petit balluchon en exerçant une pression avec le bout des doigts pour bien refermer et emprisonner la farce.
- Dans une casserole remplie d'eau bouillante salée, cuire les pâtes et égoutter.

SAUCE ET DRESSAGE

- Répartir les pâtes dans les assiettes, arroser de beurre fondu, saupoudrer de parmigiano reggiano et de graines de pavot.

INGRÉDIENTS

PÂTE

- 250 g (1 2/3 tasse) de farine
- 2 œufs
- 1 c. à café (1 c. à thé) d'huile d'olive
- 1 c. à soupe d'eau
- Une pincée de sel

FARCE

- 90 g (3 oz) de fromage ricotta
- 60 g (2 oz) de purée de betteraves
- 30 g (1/4 tasse) de parmigiano reggiano, râpé
- 2 c. à café (2 c. à thé) de chapelure
- Noix de muscade au goût
- Sel et poivre
- 1 œuf, battu

SAUCE ET DRESSAGE

- 120 g (4 oz) de beurre non salé
- 40 g (1/4 tasse + 1 c. à soupe) de parmigiano reggiano, râpé
- Graines de pavot au goût

Potage de pois verts avec croûtons à l'huile d'olive et copeaux de parmigiano reggiano

INGRÉDIENTS

PRÉPARATION

Potage de pois verts avec croûtons à l'huile d'olive et copeaux de parmigiano reggiano

4 portions

- 200 g (1 tasse) de pois verts séchés
- 175 ml (3/4 tasse) d'huile d'olive extravierge
- 1 oignon, haché
- 1 gousse d'ail, hachée
- Sel et poivre moulu
- 1/4 de pain croûté, en gros dés
- 12 copeaux de parmigiano reggiano

NOTE : Si on utilise des pois verts congelés, il ne faut pas les laisser tremper. Pendant la cuisson, il faut les mouiller jusqu'à hauteur seulement et réduire le temps de cuisson à 45 min.

Passato di piselli secchi con pane a l'olio d'oliva e scaglie di parmigiano reggiano
— P. Vari

- Faire tremper les pois verts dans 5 fois leur volume d'eau pendant 24 h. Rincer et égoutter.
- Chauffer 60 ml (¼ tasse) d'huile, faire suer les oignons et l'ail. Ajouter les pois et mouiller avec 2 fois leur volume d'eau froide. Porter à ébullition et laisser mijoter pendant 2 h. Saler et poivrer.
- Passer le potage au moulin à légumes afin de le rendre lisse et homogène.
- Dans une poêle, chauffer 60 ml (¼ tasse) d'huile et faire sauter les dés de pain.
- Verser le potage dans des bols, garnir de croûtons de pain et de copeaux de parmigiano reggiano. Arroser d'un filet d'huile et servir.

Soupe à l'oignon gratinée au parmigiano reggiano

4 portions

- 3 c. à soupe d'huile d'olive extravierge
- 480 g (1 lb) d'oignons, émincés
- 750 ml (3 tasses) de fond blanc de poulet ou de bœuf
- 12 tranches de pain baguette, grillées
- 120 g (1 tasse) de parmigiano reggiano, fraîchement râpé

Zuppa di cipolle gratinata con parmigiano reggiano
— P. Vari

- Dans une casserole, chauffer l'huile d'olive et colorer les oignons.
- Mouiller avec le fond de blanc de poulet. Saler et poivrer.
- Porter à ébullition et cuire doucement à couvert pendant 30 min.
- Verser la soupe dans quatre bols à gratiner. Disposer les tranches de pain grillées sur le dessus, saupoudrer de parmigiano reggiano et gratiner au four à *broil*. Servir immédiatement.

Soupe aux pigeons

4 portions

PRÉPARATION

Sopa coada

— E. Galasso

- Dans une casserole, chauffer le beurre et faire rissoler les pigeons. Ajouter les carottes, le céleri, les oignons et faire dorer. Verser le vin et laisser réduire jusqu'à sec.
- Couvrir les pigeons avec le fond de volaille à niveau et laisser cuire jusqu'à ce que la chair se défasse facilement.
- Pendant ce temps, faire frire les tranches de pain dans l'huile d'olive jusqu'à ce qu'elles soient dorées.
- Au terme de la cuisson des pigeons, séparer la chair et la peau de l'os et réserver la chair dans un bol et conserver le fond de volaille.
- Couvrir le fond d'une plaque à rôtir ou d'un plat en verre allant au four de tranches de pain frites, saupoudrer de parmigiano reggiano, ajouter la chair de pigeon, répéter 2 autres fois afin d'obtenir 2 ou 3 étages de chair et de pain (style lasagne).
- Couvrir le tout de fond de volaille réservé et cuire au four à 80 °C (175 °F) de 4 à 5 h, jusqu'à ce que le liquide soit évaporé.
- Faire reposer au frigo, pendant 24 h.
- Couper en morceaux de 6 x 6 cm (2 ½ x 2 ½ po) et mettre dans un plat, mouiller à niveau de fond bouillant et saupoudrer d'asiago, de sel et de poivre. Mettre au four 15 min. Servir chaud.

INGRÉDIENTS

- 75 g (2 ½ oz) de beurre
- 2 pigeons, coupés en deux sur la longueur
- 75 g (¾ tasse) de carottes, hachées
- 75 g (¾ tasse) de céleri, haché
- 75 g (¾ tasse) d'oignons, hachés
- 250 ml (1 tasse) de vin blanc
- 2,5 litres (10 tasses) de fond de volaille
- 75 g (2 à 3 oz) de tranches de pain
- 60 ml (¼ tasse) d'huile d'olive extravierge
- 200 g (1 ⅔ tasse) de parmigiano reggiano, râpé
- 75 g (⅔ tasse) d'asiago, râpé
- Sel et poivre

*** Vous pouvez vous procurer des pigeons dans certains marchés publics et dans des épiceries fines. Sinon, vous pouvez les remplacer par des cailles ou des pintades.**

INGRÉDIENTS

PRÉPARATION

Boulettes à la génoise

4 portions

- 100 g (2 tasses) de mie de pain
- 80 ml (1/3 tasse) de lait
- 300 g (10 oz) de veau haché
- 1 c. à soupe de marjolaine fraîche, hachée
- 1 c. à soupe de persil plat, haché
- 1 gousse d'ail, hachée
- 160 ml (2/3 tasse) d'œufs battus
- Parmigiano reggiano
- Sel et poivre
- Farine tout usage
- Huile de canola et huile d'olive

Polpettine alla genovese
— E. Galasso

Servir les boulettes à la génoise avec les Maccheronis à la guitare et sauce tomate à la viande de la page 57.

- Tremper le pain dans le lait, égoutter et presser pour enlever l'excédent de liquide.
- Mettre tous les ingrédients dans un bol et bien mélanger. Saler et poivrer.
- Former une boulette en roulant une poignée du mélange avec les mains.
- Fariner légèrement les boulettes et les frire dans de l'huile chaude à environ 180 °C (350 °F). Réserver.
- Cuire à feu doux dans une sauce tomate avec les Maccheronis à la guitare.

Paupiettes de veau

4 portions

- 4 escalopes de veau de 120 g (4 oz) chacune
- Sel et poivre
- 90 g (3 oz) de veau haché
- 30 g (1/4 tasse) de parmigiano reggiano, râpé
- 2 brins de persil plat, hachés
- 1 gousse d'ail ou plus au goût, hachée

Braciole di vitello
— E. Galasso

Servir les paupiettes de veau avec les Maccheronis à la guitare et sauce tomate à la viande de la page 57.

- Aplatir les escalopes. Saler, poivrer et réserver.
- Dans un bol, mélanger le veau haché, le parmigiano reggiano, le persil et l'ail jusqu'à consistance homogène.
- Disposer un peu de farce au centre de chaque escalope.
- Rouler les paupiettes et les ficeler. Réserver.
- Cuire à feu doux dans une sauce tomate avec les Maccheronis à la guitare.

Bigolis à la pintade et au radicchio

4 portions

PRÉPARATION

Bigolis con faraona e radicchio
— I. Brotto

Les bigolis sont une spécialité gastronomique traditionnelle de la ville de Bassano del Grappa, en Vénétie.

- Saler et poivrer les morceaux de pintade et faire rissoler avec un peu d'huile.
- Ajouter le céleri, les carottes, les oignons, l'ail et faire rissoler.
- Déglacer au vin blanc et mouiller à hauteur avec le fond de volaille.
- Ajouter la sauge, le romarin et poursuivre la cuisson au four à chaleur modérée.
- Quand la chair de pintade se détache facilement des os, retirer les morceaux du liquide de cuisson, récupérer la chair et la remettre dans la sauce après l'avoir grossièrement hachée.
- Hacher ensuite le foie et le cœur de pintade, faire rissoler au beurre et ajouter à la sauce.
- Dans une poêle, faire revenir le radicchio et l'ajouter à la sauce. Rectifier l'assaisonnement et ajouter le beurre restant.
- Dans la même poêle, faire sauter les bigolis préalablement cuits dans beaucoup d'eau bouillante salée et égouttés.
- Napper de sauce les bigolis, saupoudrer de parmigiano reggiano, de persil et servir.

BIGOLIS

- Dans un bol, mélanger la farine, la semoule et le sel.
- Faire un puits, ajouter les œufs et l'huile au centre. Mélanger jusqu'à l'obtention d'une pâte assez ferme.
- Mettre la pâte sur un plan de travail légèrement fariné et pétrir énergiquement. Laisser reposer au réfrigérateur 30 min.
- Passer la pâte au torchio* pour former des bigolis.

INGRÉDIENTS

- 1 pintade coupée en 4 morceaux ou 4 cuisses de pintade
- Sel et poivre
- 60 ml (1/4 tasse) d'huile d'olive extravierge
- 30 g (1/4 tasse) de céleri, en petits dés
- 30 g (1/4 tasse) de carottes, en petits dés
- 30 g (1/4 tasse) d'oignons, en petits dés
- 2 gousses d'ail
- 100 ml (1/3 tasse + 1 c. à soupe) de vin blanc
- 750 ml (3 tasses) de fond blanc de volaille
- 2 feuilles de sauge fraîche
- 1 brin de romarin frais
- 80 g (2 oz) de beurre
- 1 radicchio de Trévise, émincé
- 300 g (10 oz) de bigolis
- 80 g (2/3 tasse) de parmigiano reggiano, râpé
- Persil plat, haché

BIGOLIS

- 125 g (2/3 tasse) de farine
- 125 g (2/3 tasse) de semoule
- Sel
- 2 œufs
- 1 c. à soupe d'huile d'olive extravierge

* *Torchio ou torchietto* : outil cylindrique de cuisine en laiton ou en acier inoxydable qui presse la pâte à l'aide d'une poignée ou d'une manivelle, sous le même principe que le moulin à légumes, pour former des pâtes qui ressemblent à des spaghettis.

Maccheronis à la guitare et sauce tomate à la viande

4 portions

INGRÉDIENTS

MACCHERONIS À LA GUITARE

- 200 g (1 tasse) de farine forte*
- 200 g (1 tasse) de farine de semoule fine
- 4 œufs, battus
- Paupiettes de veau (voir p. 53)
- Boulettes à la génoise (voir p. 53)

SAUCE TOMATE À LA VIANDE

- 1,5 litre (6 tasses) de tomates en conserve
- 90 g (1 tasse) d'oignons, hachés
- 2 gousses d'ail, hachées
- 3 c. à soupe d'huile d'olive extravierge

DRESSAGE

- 5 tasses (400 g) de maccheronis à la guitare
- 60 g (½ tasse) de parmigiano reggiano, râpé

*** Farine forte : farine riche en gluten, ce qui donne plus d'élasticité à la pâte.**

PRÉPARATION

Maccheroni alla chitarra con sugo di carne
— E. Galasso

MACCHERONIS À LA GUITARE

- Mettre la farine dans un grand bol, faire un puits au centre, verser les œufs et mélanger jusqu'à l'obtention d'une pâte dure et lisse.
- Laisser reposer 30 min au réfrigérateur.
- Laminer la pâte et la couper *alla chitarra* ou sur une surface de travail légèrement farinée. Ou bien aplatir la pâte à l'aide d'un rouleau à pâtisserie et la couper pour former des maccheronis.

SAUCE TOMATE À LA VIANDE

- Passer les tomates au moulin à légumes.
- Dans une casserole, chauffer l'huile, faire revenir les oignons et l'ail. Ajouter les tomates.
- Ajouter les paupiettes de veau et les boulettes à la génoise (voir p. 53) et cuire à feu doux.

DRESSAGE

- Dans une casserole remplie d'eau bouillante salée, cuire les pâtes *al dente,* égoutter, mélanger avec un peu de sauce et garnir de parmigiano reggiano.
- Répartir les pâtes dans les assiettes et servir avec une paupiette et une boulette.

Anciennement, on coupait la pâte *alla chitarra*, avec un appareil qui ressemble à une guitare. On lamine d'abord la pâte, c'est-à-dire on l'aplatit à l'aide d'un laminoir. Le laminoir est un appareil muni de 2 cylindres d'acier actionnés par une manivelle. On coupe ensuite de grands rectangles de pâte, puis on les passe la pâte sur la *chitarra*. Évidemment, si on ne possède pas ces instruments, il est facile de trouver de très bonnes pâtes dans les marchés italiens.

Pappardelles avec effiloché de lapin et roquette

4 portions

INGRÉDIENTS

- 2 cuisses de lapin
- 2 c. à soupe d'échalotes, hachées
- 1 gousse d'ail, écrasée
- 160 ml (2/3 tasse) de vin blanc pinot grigio
- 310 ml (1 1/4 tasse) de fond blanc de lapin
- 1 c. à soupe de sauge fraîche, hachée
- 1 c. à soupe de persil plat frais, haché
- 400 g (13 oz) de pappardelles
- 250 g (10 tasses) de jeune roquette sauvage
- 60 g (1/2 tasse) de parmigiano reggiano, râpé
- 30 g (1 oz) de beurre non salé
- Roquette miniature

PRÉPARATION

Pappardelle con coniglio e rucola
— E. Galasso

- Dans une casserole, faire revenir les cuisses de lapin sans trop les colorer.
- Ajouter les échalotes, l'ail et faire suer le tout. Verser le vin et réduire à sec.
- Ajouter le fond blanc de lapin, la sauge et le persil. Porter à ébullition et laisser mijoter à couvert 1 h.
- Retirer les cuisses de lapin et les désosser. Rectifier la consistance et l'assaisonnement de la sauce. Remettre la chair de lapin dans la sauce et réserver.
- Dans une grande casserole remplie d'eau bouillante salée, cuire les pappardelles al dente. Égoutter et mélanger avec la sauce et la roquette crue.
- Ajouter le beurre, le parmigiano reggiano et mélanger de nouveau.
- Garnir de roquette miniature.

Gnocchis de courges et sauce bolonaise

4 portions

PRÉPARATION

Gnocchi di zucca al ragù

— I. Brotto

SAUCE

- Dans une grande casserole, chauffer l'huile et faire rissoler le céleri, les carottes et les oignons. Ajouter la viande et faire rissoler. Saler et poivrer.
- Arroser de vin rouge et réduire de moitié.
- Ajouter les tomates, la pâte de tomate, le bouillon, l'ail et les épices.
- Cuire lentement environ 2 h en prenant soin de dégraisser en surface de temps en temps.
- Réduire la sauce de moitié. Elle doit avoir une consistance épaisse. Rectifier l'assaisonnement.

GNOCCHIS

- Dans un bol, mélanger tous les ingrédients sauf la farine.
- Incorporer ensuite la farine graduellement. La quantité peut varier beaucoup selon l'humidité de la purée de courge. Le mélange doit être un peu collant mais assez ferme, d'une consistance semblable à celle de la pâte à chou.
- Dans une casserole remplie d'eau bouillante salée, laisser tomber des petites boules de pâtes formées à l'aide de 2 cuillères. Quand elles remonteront à la surface, les égoutter à l'aide d'une araignée*.

DRESSAGE

- Garnir les assiettes de gnocchis, verser la sauce et saupoudrer de parmigiano reggiano.

INGRÉDIENTS

SAUCE

- 3 c. à soupe d'huile d'olive extravierge
- 30 g (1/4 tasse) de céleri, haché
- 30 g (1/4 tasse) de carottes, hachées
- 30 g (1/4 tasse) d'oignons, hachés
- 240 g (8 oz) de bœuf, de veau et de porc, haché
- 30 g (1 oz) de pancetta, hachée
- Sel et poivre
- 60 ml (1/4 tasse) de vin rouge
- 175 ml (3/4 tasse) de tomates, pelées et passées au moulin à légumes
- 1 c. à soupe de pâte de tomates
- 310 ml (1 1/4 tasse) de bouillon
- 1 gousse d'ail, hachée
- Une pincée de noix de muscade
- Une pincée de cannelle moulue
- 1 clou de girofle
- 1 feuille de laurier

GNOCCHIS

- 500 g (18 oz) de purée de courge
- 90 g (3/4 tasse) de chapelure
- 3 jaunes d'œufs
- Une pincée de noix de muscade, fraîchement râpée
- 4 c. à soupe de parmigiano reggiano, râpé
- Le zeste d'un demi-citron, râpé
- Sel et poivre
- 200 g (1 1/3 tasse) de farine

*** Araignée : ustensile à long manche quie sert à retirer un aliment d'un liquide.**

Garganellis aux bajoues de porc séchées, aux petits pois verts et aux tomates

INGRÉDIENTS

- Huile d'olive
- 75 g (3/4 tasse) d'oignons vidalia, hachés
- 2 gousses d'ail, en tranches
- 90 g (3 oz) de bajoues de porc séchées, en petits dés
- 50 g (1/4 tasse) de tomates en conserve
- 100 g (3/4 tasse) de petits pois verts, cuits
- Sel et poivre
- 125 ml (1/2 tasse) de vin blanc
- 400 g (5 1/2 tasses) de garganellis
- Parmigiano reggiano, en copeaux
- 50 g (1 tasse) de pousses de pois miniatures

PRÉPARATION

4 portions

Garganelli con guanciale stagionato, piselli e pomodoro
— E. Galasso

- Dans une sauteuse, chauffer l'huile, faire revenir les oignons, l'ail et les bajoues de porc.
- Ajouter les tomates et les petits pois verts. Saler et poivrer.
- Déglacer avec le vin blanc et réduire à sec.
- Réserver la sauce.
- Dans une grande casserole remplie d'eau bouillante salée, cuire les garganellis al dente. Égoutter et mélanger avec la sauce.
- Garnir de copeaux de parmigiano reggiano et de pousses de pois.

Orecchiettis au chou-fleur et aux tomates cerises

4 portions

PRÉPARATION

INGRÉDIENTS

Orecchietti con cavolfiore e pomodorini
— P. Vari

- 480 g (1 lb) d'orecchiettis
- ½ tête de chou-fleur, coupé en petits bouquets
- 125 ml (½ tasse) d'huile d'olive
- 4 gousses d'ail, émincées
- 1 barquette de tomates cerises, coupées en deux
- Sel et poivre noir moulu
- 10 feuilles de basilic, ciselées
- 90 g (¾ tasse) de parmigiano reggiano

• Dans une grande casserole remplie d'eau bouillante salée, mettre les orecchiettis. Après 3 min, ajouter les bouquets de chou-fleur et cuire jusqu'à ce que les pâtes soient prêtes.

• Dans une sauteuse, chauffer l'huile, faire dorer l'ail. Ajouter les tomates cerises et cuire 4 min. Saler et poivrer.

• Égoutter les pâtes et le chou-fleur et les mettre dans la sauteuse. Bien mélanger, ajouter le basilic, le parmigiano reggiano et servir.

CONSEIL : Avant d'égoutter vos pâtes, conserver toujours 250 ml (1 tasse) d'eau de cuisson. Cette eau riche en sel et en amidon peut être indispensable en cas de retard. Cette eau vous permettra d'humidifier vos pâtes en rectifiant leur consistance.

Tortiglionis à la crème, parmigiano reggiano et truffe noire

4 portions

Tortiglioni alla panna, parmigiano reggiano e tartufo nero
— P. Vari

- 500 ml (2 tasses) de crème 35 %
- 60 (2 oz) de beurre non salé
- Une pincée de noix de muscade moulue
- Sel et poivre noir
- 360 g (12 oz) de tortiglionis
- 120 g (1 tasse) de parmigiano reggiano, fraîchement râpé
- 1 truffe noire d'environ 10 g (⅓ oz), en lamelles

• Dans une sauteuse, chauffer la crème, le beurre, la muscade, le sel, le poivre et faire réduire de moitié.

• Dans une grande casserole remplie d'eau bouillante salée, cuire les tortiglionis al dente. Égoutter.

• Mettre les pâtes dans la préparation de crème réduite. Mélanger hors du feu en ajoutant le parmigiano reggiano.

• Disposer les pâtes dans 4 assiettes et garnir de truffe.

Gnocchis de courges et sauce bolonaise (p.60)

Garganellis aux bajoues de porc séchées,
aux petits pois verts et aux tomates (p.61)

Orecchiettis au chou-fleur
et aux tomates cerises

Tortiglionis à la crème,
parmigiano reggiano et truffe noire

Raviolone farci à la queue de bœuf, au beurre de marjolaine et à la purée de courge

4 portions

Raviolone di coda di bue al burro di marggiorana e purea di zucca
— E. Galasso

PRÉPARATION

• Dans une casserole, chauffer l'huile et colorer la queue de bœuf. La mettre ensuite dans un plat allant au four. Dans la même casserole, faire revenir la mirepoix de légumes pendant quelques secondes.

• Déglacer avec le vin rouge, laisser réduire légèrement, ajouter le fond brun et le reste des ingrédients. Mettre le tout dans le plat avec la queue de bœuf et cuire au four à couvert 2 h à 180 °C (350 °F).

• Au terme de la cuisson, effilocher la queue de bœuf et réserver. Passer le jus de cuisson au chinois étamine et réserver.

RAVIOLONE Dans un bol, mélanger les farines et faire un puits au centre. Verser les œufs et mélanger jusqu'à l'obtention d'une pâte dure et lisse. Rouler la pâte à l'aide d'un laminoir (outil pour fabriquer les pâtes).

• À l'aide d'un emporte-pièce de 7 x 7 cm (3 x 3 po), couper 4 morceaux de pâte et les garnir de 30 g (1 oz) de queue de bœuf réservée. Badigeonner les bordures d'eau, recouvrir avec 4 autres morceaux et presser pour bien sceller.

PURÉE DE COURGE ET SAUCE Saler, poivrer et arroser la courge d'huile d'olive. Cuire au four 45 min à 180 °C (350 °F).

• Retirer la chair et la passer au moulin à légumes. Réserver pour le dressage.

SAUCE Dans une sauteuse, faire fondre la moitié du beurre avec la marjolaine et déglacer avec le jus de cuisson réservé.

• Cuire les raviolones dans une grande casserole remplie d'eau bouillante salée, égoutter et incorporer la sauce.

• Hors du feu, ajouter l'autre moitié du beurre et le parmigiano reggiano. Mélanger jusqu'à ce que la sauce devienne légèrement crémeuse. Mettre un peu de purée de courge dans chaque assiette et disposer un raviolone sur le dessus.

INGRÉDIENTS

- Huile d'olive
- 480 g (1 lb) de queue de bœuf
- 150 g (1 ½ tasse) de mirepoix (carottes, céleri et oignons en très petits dés)
- 250 ml (1 tasse) de vin rouge
- 175 ml (¾ tasse) de fond brun
- 2 à 3 brins de persil frais
- 1 brin de thym frais
- 4 c. à soupe de poivre noir entier
- 80 g (½ tasse) de tomates en conserve, concassées
- 1 feuille de laurier

RAVIOLONE

- 350 g (2 ⅓ tasse) de farine forte, Tipo 00*
- 150 g (1 tasse) de farine faible
- 3 œufs, battus
- Eau

PURÉE DE COURGE

- 1 courge Buttercup, coupée en deux
- Sel et poivre
- Huile d'olive

SAUCE

- 60 g (2 oz) de beurre non salé
- 60 g (2 oz) de marjolaine
- 160 ml (⅔ tasse) de jus de cuisson de queue de bœuf
- Parmigiano reggiano, râpé

*Si vous ne trouvez pas de farine Tipo 00, vous pouvez utiliser une autre farine.

Pâtes aux haricots et au saucisson de porc cotechino

4 portions

Pasta e fagioli con cotechino
— E. Galasso

PRÉPARATION

- Dans une casserole remplie d'eau bouillante, cuire le saucisson cotechino 1 h avant de commencer la sauce. Réserver.
- Cuire les haricots dans l'eau jusqu'à ce qu'ils soient tendres.
- Dans une casserole, chauffer l'huile d'olive, faire revenir l'ail, les oignons, et le céleri.
- Ajouter les haricots et mouiller avec le bouillon. Ajouter le saucisson et laisser mijoter quelques minutes. Réserver.
- Dans une casserole remplie d'eau bouillante salée, cuire les pâtes al dente. Égoutter et mélanger avec la sauce et le parmigiano reggiano.

DRESSAGE Couper le saucisson en tranches et servir deux tranches par personne avec une portion de pâte. Garnir d'un filet d'huile d'olive extravierge.

INGRÉDIENTS

- 480 g (1 lb) de cotechino*
- 220 g (1 tasse) de haricots barlotti ou romano secs, trempés dans l'eau 24 h d'avance
- Huile d'olive extravierge
- 2 gousses d'ail entières
- 90 g (1 tasse) d'oignons, émincés
- 75 g (3/4 tasse) de céleri, émincé
- 1,5 litre (6 tasses) de bouillon ou de fond de volaille
- 300 g (4 tasses) de tacconellis*
- 90 g (3/4 tasse) de parmigiano reggiano, râpé

*** Cotechino : saucisson à base de chair et de peau de porc, assaisonné de poivre et de sel. On se le procure dans les épiceries italiennes spécialisées.**

*** Tacconellis : pâtes en forme de losanges de la maison Del Verde.**

Trofies à la chair de saucisses, aux rapinis, aux olives noires et croustillants à l'ail

4 portions

Trofie con salsicce, rapini, olive nere e croccante aglio
— E. Galasso

- Dans une casserole, chauffer l'huile et faire revenir la saucisse en écrasant la chair à l'aide d'une fourchette.
- Ajouter les piments, les olives, les rapinis et le persil.
- Si la préparation est trop sèche, humidifier avec un peu d'eau de cuisson des pâtes.
- Chauffer l'huile d'olive et frire les tranches d'ail.
- Dans une grande casserole remplie d'eau bouillante salée, cuire les pâtes al dente. Égoutter et mélanger avec la sauce et le parmigiano reggiano.

- 3 c. à soupe d'huile d'olive extravierge
- 150 g (5 oz) de chair de saucisse italienne douce
- 1 piment fort, en rondelles
- 60 g (1/2 tasse) d'olives noires, séchées et dénoyautées
- 1 paquet de rapinis, blanchis
- 1 c. à soupe de persil plat, haché
- Huile d'olive extravierge
- 4 gousses d'ail éléphant, coupées en tranches à la mandoline
- 350 à 400 g (4 à 5 tasses) de trofies
- 60 g (1/2 tasse) de parmigiano reggiano, râpé

Pâtes aux haricots et
au saucisson de porc cotechino

Trofies à la chair de saucisses, aux rapinis,
aux olives noires et croustillants à l'ail

Raviolis ouverts aux légumes,
sauce à la coriandre et au basilic (p.68)

Risotto au safran et aux courgettes (p.69)

Raviolis ouverts aux légumes, sauce à la coriandre et au basilic

8 portions

PRÉPARATION

Ravioli aperti con verdure, salsa al coriandolo et al basilico
— P. VARI

PÂTE

- Dans un bol, mélanger les deux farines. Faire un puits au centre, ajouter les œufs, le sel et l'eau. Bien mélanger et pétrir 10 min.
- Couvrir d'un linge propre et laisser reposer la pâte pendant 30 min.

FARCE

- Dans une sauteuse, chauffer l'huile et faire suer les oignons 3 min à feu doux. Ajouter l'ail et poursuivre la cuisson 1 min.
- Ajouter le reste des légumes, le basilic, la coriandre et laisser cuire 10 min à couvert.
- Saler, poivrer et laisser refroidir dans un bol. Ajouter la muscade, le zeste de citron, le parmigiano reggiano et la ricotta. Réserver au réfrigérateur.

MONTAGE ET FINITION

- À l'aide d'un laminoir, abaisser la pâte à une épaisseur de 1 mm. Couper environ 72 carrés de 4 x 4 cm (1,5 x 1,5 po).
- Mettre un peu de farce au centre des carrés. Prendre 2 coins et les coller ensemble. Répéter la même opération avec les 2 autres coins en prenant soin de ne pas trop sceller afin de laisser une ouverture.
- Préchauffer le four à 175 °C (375 °F).
- Mettre les raviolis dans un plat en porcelaine allant au four.
- Mouiller à mi-hauteur avec le bouillon, ajouter les tomates et l'huile. Couvrir et cuire 15 min.
- Au terme de la cuisson, servir les raviolis, arroser d'un peu de bouillon et garnir de parmigiano reggiano, de basilic et de coriandre.

INGRÉDIENTS

PÂTE FRAÎCHE

- 150 g (1 tasse) de farine tout usage
- 150 g (1 tasse) de farine à pâtisserie
- 3 œufs
- Une pincée de sel
- 3 c. à soupe d'eau

FARCE

- 3 c. à soupe d'huile d'olive extravierge
- 50 g (1/2 tasse) d'oignons, hachés
- 1 gousse d'ail, hachée
- 100 g (1 1/4 tasse) d'aubergine, en petits dés
- 100 g (1 1/4 tasse) de courgettes, en petits dés
- 150 g (1 1/4 tasse) de poivrons rouges, en petits dés
- 2 tomates fraîches, en petits dés
- 7 g (1/4 tasse) de basilic frais, haché
- 7 g (1/4 tasse) de coriandre fraîche, hachée
- Sel et poivre noir moulu
- Une pincée de muscade moulue
- 1 c. à café (1 c. à thé) de zeste de citron, haché
- 60 g (1/2 tasse) de parmigiano reggiano, râpé
- 60 g (2 oz) de ricotta fraîche

MONTAGE ET FINITION

- 500 ml (2 tasses) de bouillon de poulet ou de légumes
- 2 tomates fraîches, en dés
- 60 ml (1/4 tasse) d'huile d'olive extravierge
- 60 g (1/2 tasse) de parmigiano reggiano, râpé
- 2 c. à soupe de basilic, haché
- 1 c. à soupe de coriandre, hachée

INGRÉDIENTS

- 1 litre (4 tasses) de fond blanc de volaille
- ½ c. à café (½ c. à thé) de safran en poudre
- Huile d'olive extravierge
- 120 g (1 tasse) de courgettes, émincées
- 60 g (2 oz) de beurre
- 45 g (½ tasse) d'oignons, émincés
- 320 g (1 ½ tasse) de riz carnaroli*
- 125 ml (½ tasse) de vin blanc sec
- 4 c. à soupe de parmigiano reggiano
- Sel et poivre

*** Riz carnaroli : riz blanc de grande qualité, 100 % naturel et cultivé en Italie dans les plaines autour de Vercelli.**

PRÉPARATION

Risotto au safran et aux courgettes

4 portions

Risotto allo zafferano e zucchine
— I. Brotto

- Dans une casserole, réchauffer le fond blanc de volaille, ajouter le safran et laisser infuser.
- Pendant ce temps, dans une poêle, chauffer un peu d'huile d'olive et faire sauter les courgettes.
- Dans une autre poêle, chauffer 1 c. à soupe de beurre et faire suer les oignons. Ajouter le riz et bien mélanger. Cette opération se nomme «nacrer le riz», permettant aux grains de ne pas coller tout au long de la cuisson, tout en restant al dente.
- Quand le riz est bien réchauffé, mouiller avec le vin blanc jusqu'à évaporation complète.
- Commencer maintenant à mouiller le risotto avec une louche de fond de volaille safrané en prenant soin de laisser frémir le riz tout au long de la cuisson.
- Saler et poivrer avec modération.
- Le risotto sera cuit en 16 min. Ajouter le fond de volaille une louche à la fois, au fur et à mesure que le riz absorbe le liquide, jusqu'à cuisson complète.
- Trois à quatre minutes avant la fin de la cuisson, ajouter les courgettes. Au terme de la cuisson, hors du feu, ajouter le beurre restant et le parmigiano reggiano. Mélanger et s'assurer de la bonne consistance du risotto. Il doit être crémeux mais pas trop liquide.
- Servir aussitôt.

Risotto au parmigiano reggiano et réduction au vin rouge, pancetta croustillante et cresson miniature

4 portions

Risotto al parmigiano reggiano con riduzione di vino, pancetta croccante e mini crescione
— P. Vari

INGRÉDIENTS

- 250 ml (1 tasse) de vin rouge
- 125 ml (1/2 tasse) de fond de veau
- 150 g (5 oz) de pancetta, en lanières fines
- 1 petit oignon, haché
- 240 g (8 oz) de riz à grain court (carnaroli)
- 750 ml (3 tasses) de fond blanc de volaille
- Sel et poivre
- 90 g (3/4 tasse) de parmigiano reggiano, fraîchement râpé
- 3 c. à soupe de beurre non salé
- 1/2 paquet de cresson miniature

PRÉPARATION

- Dans une petite casserole, faire réduire de 75 % le vin rouge et le fond de veau à feu vif jusqu'à l'obtention d'une glace de vin épaisse.
- Dans une casserole, faire suer doucement la pancetta 5 min. Laisser reposer quelques minutes et mettre ensuite sur une plaque allant au four.
- Préchauffer le four à 125 °C (260 °F).
- Cuire la pancetta 20 min jusqu'à ce qu'elle sèche et devienne croustillante.
- Dans la même casserole, faire suer les oignons. Ajouter le riz et le nacrer pendant 2 min.
- Cuire doucement le riz à feu vif, en remuant sans cesse, environ 14 min, en versant graduellement le fond de volaille chaud, c'est-à-dire, en ajoutant toujours un peu de liquide au besoin, jusqu'à ce que le riz ait absorbé tout le fond de volaille. Saler et poivrer. Au terme de la cuisson, incorporer le parmigiano reggiano et le beurre en remuant à l'aide d'une cuillère de bois.
- Rectifier l'assaisonnement et servir immédiatement.

DRESSAGE

- Arroser avec la glace de vin rouge, garnir de pancetta et de cresson miniature.

Risotto aux champignons sauvages

2 portions

Risotto ai funghi misti

— E. Galasso

Ingrédients

- 1 c. à soupe d'huile d'olive
- 2 c. à soupe de beurre non salé
- 75 g (3/4 tasse) d'oignons, émincés
- 1 gousse d'ail, émincée
- 30 g (1/2 tasse) de porcinis, émincés
- 30 g (1/2 tasse) de portobellos, émincés
- 30 g (1/2 tasse) de pleurotes, émincées
- 30 g (1/2 tasse) de chanterelles, émincées
- 140 g (3/4 tasse) de riz vialone nano*
- 60 ml (1/4 tasse) de vin blanc sec
- 500 ml (2 tasses) de fond blanc de volaille ou de champignon
- Sel et poivre
- 1 c. à soupe de persil plat, haché
- 30 g (1/4 tasse) de parmigiano reggiano, râpé
- 2 c. à café (2 c. à thé) d'huile de truffe

*** Riz vialone nano : un riz très apprécié pour la réussite d'un bon risotto.**

Préparation

- Dans une casserole, chauffer l'huile et la moitié du beurre, faire revenir les oignons et l'ail. Ajouter les champignons et les faire rissoler.
- Ajouter le riz, mélanger pour bien le chauffer et verser le vin blanc.
- Laisser le vin s'évaporer, ajouter une louche de fond de volaille bouillant à la fois, jusqu'à ce que le riz soit tendre. Remuer fréquemment. Compter une vingtaine de minutes. Cinq minutes avant la fin de la cuisson, saler, poivrer et incorporer le persil.
- Au terme de la cuisson, s'assurer de la bonne consistance du risotto et, hors du feu, ajouter le beurre restant et le parmigiano reggiano. Terminer avec un filet d'huile de truffe et servir bien chaud.

Stozzapretis et ragoût à la bécasse

6 portions

Stozzapreti con sugo di beccacce

— E. Galasso

- Huile d'olive extravierge
- 3 ou 4 bécasses, sans la peau et coupées en deux sur la longueur
- 20 g (1/4 tasse) de céleri, en petits dés
- 20 g (1/4 tasse) d'oignons, en petits dés
- 20 g (1/4 tasse) de carottes, en petits dés
- 1 gousse d'ail, hachée
- 250 ml (1 tasse) de vin rouge sec
- 450 g (14 1/2 oz) de tomates en conserve, égouttées et réduites en morceaux
- 500 ml (2 tasses) de fond de gibier ou de volaille
- 1 c. à café (1 c. à thé) de sauge fraîche, hachée
- Sel et poivre
- 500 g (7 tasses) de stozzapretis
- 80 g (2/3 tasse) de parmigiano reggiano, râpé

- Dans une grande casserole, chauffer l'huile et faire revenir les morceaux de bécasse jusqu'à légère coloration.
- Ajouter le céleri, les oignons, les carottes, l'ail et faire suer le tout.
- Mouiller avec le vin rouge et réduire à sec.
- Ajouter les tomates, le fond de gibier et la sauge. Porter à ébullition et laisser mijoter 1 h.
- Retirer les morceaux de bécasse, les effilocher et remettre la chair dans la sauce. Saler, poivrer et réduire jusqu'à consistance désirée (bien liée).
- Dans une grande casserole remplie d'eau bouillante salée, cuire les stozzapretis al dente. Égoutter et mélanger avec la sauce. Saupoudrer de parmigiano reggiano et servir.

Risotto aux champignons sauvages

Stozzapretis et ragoût à la bécasse

Spaghettis à la sauce tomate et basilic (p. 74)

Spaghettis rugueux de parmigiano reggiano et de légumes croustillants (p. 75)

Spaghettis à la sauce tomate et basilic

4 à 6 portions

PRÉPARATION

Spaghetti al pomodoro e basilico
— P. Vari

- Dans une casserole, chauffer l'huile et faire suer l'ail et les oignons pendant 10 min à feu très doux.
- Ajouter les tomates, porter à ébullition et laisser mijoter pendant 45 min à feu doux.
- Pendant la cuisson, réduire les tomates en morceaux à l'aide d'un fouet.
- Au terme de la cuisson, ajouter le basilic, le sel et le poivre.
- Dans une grande casserole remplie d'eau bouillante salée, cuire les pâtes al dente. Égoutter et les mélanger avec la moitié de la sauce.
- Servir les pâtes dans des assiettes et napper avec le reste de la sauce. Saupoudrer généreusement de parmigiano reggiano et garnir d'une feuille de basilic.

INGRÉDIENTS

- 60 ml (1/4 tasse) d'huile d'olive extravierge
- 2 gousses d'ail, hachées
- 1/2 petit oignon, haché
- 1 litre (4 tasses) de tomates italiennes entières en conserve
- 6 feuilles de basilic
- Sel et poivre
- 480 g (1 lb) de spaghettis
- 80 g (2/3 tasse) de parmigiano reggiano, fraîchement râpé

NOTE

Cette recette de sauce toute simple, avec de gros morceaux de tomates, est facile à réaliser. Si on désire une sauce plus lisse, on doit la passer au moulin à légumes au terme de la cuisson. À part la qualité des aliments, le succès de cette sauce réside dans la cuisson de l'ail et des oignons. Laissez bien suer les légumes afin qu'ils puissent rejeter toute leur eau de végétation. Au mois d'août, si on utilise des tomates mûres, on doit prendre soin de les monder avant de les cuire. Ne pas oublier que chaque 100 g (3,5 oz) de pâtes demande au moins 1 litre (4 tasses) d'eau. L'huile n'est pas nécessaire. Bien remuer au début de la cuisson pour empêcher les pâtes de coller. Au terme de la cuisson, les mélanger immédiatement avec la sauce. Il ne faut surtout pas rincer à l'eau froide, car cela pourrait ruiner votre plat.

Spaghettis rugueux de parmigiano reggiano et de légumes croustillants

INGRÉDIENTS

- 125 ml (1/2 tasse) d'huile d'olive extravierge
- 48 tomates cerises, coupées en deux
- Sel et poivre
- 1/2 poivron rouge, en filaments très fins
- 1/2 poivron jaune, en filaments très fins
- 1 courgette, en filaments très fins
- 80 g (1 tasse) d'aubergine, en filaments très fins
- 240 g (1 lb) de spaghettis
- 60 g (1/2 tasse) de parmigiano reggiano, en morceaux
- 40 g (1/4 tasse + 1 c. à soupe) de noix de pin, rôtis

NOTE : La quantité d'eau minimale requise pour la cuisson des pâtes est de 1 litre par 100 g (4 tasses par 3,5 oz) et le sel est de 10 g par litre, c'est-à-dire 2 c. à café (2 c. à thé) par 4 tasses.

PRÉPARATION

4 portions

Spaghetti ruvidi di parmigiano reggiano e verdurine croccanti
— I. Brotto

- Dans une poêle, chauffer 2 c. à soupe d'huile et faire sauter les tomates. Saler, poivrer et réserver dans un bol.
- Dans la même poêle, ajouter 2 c. à soupe d'huile et faire sauter les poivrons, les courgettes, les aubergines pendant quelques secondes. Saler et poivrer. Réserver.
- Dans une grande casserole remplie d'eau bouillante salée, cuire les spaghettis al dente. Égoutter.
- Remettre les spaghettis dans la casserole et ajouter le parmigiano reggiano tout en mélangeant. Cette opération permet au fromage de fondre un peu avec la chaleur des pâtes et de coller de façon uniforme sur les spaghettis. Ajouter le restant de l'huile et mélanger délicatement.
- Servir les spaghettis sur un lit de tomates cerises, garnir de légumes sautés et de noix de pin.

Tortellis de sanglier et beurre à l'orange

4 portions

INGRÉDIENTS

PÂTE

- 3 c. à soupe d'eau
- 1 enveloppe de safran en poudre
- 250 g (1 ⅔ tasse) de farine
- Une pincée de sel
- 1 œuf
- 1 jaune d'œuf
- 1 c. à café (1 c. à thé) d'huile d'olive
- 1 œuf battu

FARCE

- 3 c. à soupe d'huile d'olive extravierge
- 200 g (7 oz) d'épaule de sanglier, en cubes
- 40 g (¼ tasse) d'oignons, émincés
- 40 g (¼ tasse) de carottes, émincées
- 2 gousses d'ail
- 60 ml (¼ tasse) de vin rouge
- 175 ml (¾ tasse) de fond brun de veau
- 1 brin de romarin frais, haché
- 1 feuille de laurier
- Sel et poivre
- 80 g (⅔ tasse) de parmigiano reggiano, râpé

SAUCE

- 60 g (2 oz) de beurre
- 60 ml (¼ tasse) de fond blanc de volaille
- Le zeste d'une orange, râpé

PRÉPARATION

Tortelli di cinghiale, burro all'arancia
— I. Brotto

PÂTE Dans une casserole, chauffer l'eau, faire dissoudre le safran et laisser infuser.

• Dans un bol, mélanger la farine et le sel. Former un puits au centre et ajouter l'œuf, le jaune d'œuf, l'huile et l'infusion de safran. Mélanger et pétrir pendant quelques minutes. La texture doit être élastique et assez ferme.

• Emballer la pâte dans la pellicule plastique et laisser reposer au réfrigérateur.

FARCE Dans une casserole, chauffer l'huile et faire revenir les cubes de sanglier. Ajouter les oignons, les carottes et l'ail et laisser rissoler. Déglacer avec le vin rouge et laisser réduire de moitié.

• Ajouter le fond brun, le romarin, la feuille de laurier, le sel, le poivre et laisser mijoter à couvert jusqu'à ce que la viande soit bien tendre. Ajouter de l'eau au besoin.

• Au terme de la cuisson, réduire le liquide de la sauce au minimum, passer ensuite la viande et la sauce de cuisson au robot de cuisine, rectifier l'assaisonnement et lier avec la moitié du parmigiano.

• Abaisser la pâte en feuilles minces à l'aide d'un laminoir (outil pour fabriquer des pâtes). Couper des carrés de 4 cm (1 ½ po) de côté, mettre au centre de chaque carré ½ c. à café (½ c. à thé) de farce, badigeonner 2 côtés du carré avec l'œuf battu et plier en deux pour former un triangle. Croiser légèrement et attacher ensemble les 2 pointes les plus aiguës pour leur donner leur forme typique.

SAUCE Dans une poêle, chauffer le beurre, ajouter le fond de volaille, le zeste d'orange et faire bouillir tout en mélangeant pour l'émulsionner et lui donner une texture crémeuse.

DRESSAGE Cuire les tortellis dans une casserole remplie d'eau bouillante salée. Égoutter et les sauter dans le beurre à l'orange. Garnir de parmigiano reggiano et servir.

PLATS PRINCIPAUX

SECONDI

Carré d'agneau en croûte de parmigiano reggiano

4 portions

INGRÉDIENTS

- 150 g (1 ¼ tasse) de parmigiano reggiano, fraîchement râpé
- 2 blancs d'œufs
- Sel et poivre noir moulu
- 2 carrés d'agneau, parés
- 60 ml (¼ tasse) d'huile d'olive extravierge
- 125 ml (½ tasse) de vin blanc
- 175 ml (¾ tasse) de fond brun d'agneau ou de veau
- 1 gousse d'ail, écrasée
- 10 tiges de persil

PRÉPARATION

Carré d'agnello in crosta di parmigiano reggiano
— P. Vari

- Dans un bol, mélanger le parmigiano reggiano et les blancs d'œufs. Réserver.
- Saler et poivrer les carrés d'agneau.
- Dans une sauteuse, chauffer l'huile et faire brunir les carrés d'un seul côté, les enduire du mélange de parmigiano reggiano et les mettre dans un plat allant au four.
- Préchauffer le four à 150 °C (300 °F).
- Cuire les carrés 20 min pour une cuisson «rosé».
- Au terme de la cuisson, les sortir du four et les laisser reposer.
- Pendant ce temps, déglacer le plat de cuisson avec le vin blanc. Ajouter le fond d'agneau, l'ail et le persil. Cuire 5 min, rectifier l'assaisonnement et passer au tamis fin.
- Servir les carrés en tranches ou entier, avec un filet de jus de cuisson.

Bajoues de veau braisées

1 portion

PRÉPARATION

INGRÉDIENTS

- Farine tout usage
- 2 bajoues de veau, parées
- Sel et poivre
- Huile d'olive
- 1 gousse d'ail, hachée
- 45 g (1/2 tasse) d'oignons, émincés
- 20 g (1/4 tasse) de carottes, émincées
- 25 g (1/4 tasse) de céleri, émincé
- 175 ml (3/4 tasse) de vin rouge
- 60 g (1/3 tasse) de tomates en conserve, concassées
- 175 ml (3/4 tasse) de fond brun de veau
- 1 feuille de sauge
- 1 feuille de laurier
- 1 brin de romarin
- 1 brin de persil plat

Guanciale di manzo brasato
— E. Galasso

- Préchauffer le four à 180 °C (350 °F).
- Fariner légèrement les bajoues, saler et poivrer. Dans une casserole allant au four, chauffer l'huile et bien colorer la viande. Retirer les bajoues de la casserole et réserver.
- Dans la même casserole, faire revenir l'ail, les oignons, les carottes et le céleri sans trop les colorer.
- Remettre les bajoues sur les légumes.
- Mouiller avec le vin et laisser réduire de moitié.
- Ajouter les tomates, le fond brun et les herbes aromatiques.
- Couvrir, porter à ébullition à feu vif et terminer la cuisson au four de 90 à 120 min.
- Au terme de la cuisson, décanter la viande, rectifier l'assaisonnement et passer le fond de cuisson au chinois étamine.
- Remettre les bajoues dans la sauce et conserver chaud.

Tuile de parmigiano reggiano

4 portions

- 150 g (5 oz) de parmigiano reggiano, râpé

Cialde al parmigiano reggiano
— E. Galasso

Ces tuiles ajouteront une touche de saveur et de couleur à vos plats.

- Saupoudrer une fine couche de parmigiano reggiano râpé sur une plaque à biscuits recouverte de papier sulfurisé.
- Préchauffer le four à 180° C (350° F) et cuire jusqu'à ce que le fromage soit fondu et prenne une légère coloration.
- Refroidir à la température ambiante puis briser en morceaux irréguliers.

Jarrets de porc farcis au parmigiano reggiano et braisés au soave

4 portions

Stinco di maiale ripieno di parmigiano reggiano e brasato al soave — I. Brotto

INGRÉDIENTS

- 2 jarrets de porc, désossés
- Gros bâtonnets de parmigiano reggiano, coupés près de la croûte
- 80 ml (1/3 tasse) d'huile d'olive extravierge
- 1 tige de céleri, en gros morceaux
- 1 carotte, en gros morceaux
- 1 oignon, en gros morceaux
- 2 gousses d'ail, émincées
- 300 ml (1 tasse + 3 c. à soupe) de vin blanc soave
- 500 ml (2 tasses) de fond blanc de volaille
- 4 brins de thym frais

PRÉPARATION

- Préchauffer le four à 180 °C (350 °F).
- Pratiquer une incision à l'intérieur des jarrets pour permettre d'insérer les morceaux de parmigiano reggiano. Refermer les jarrets et les envelopper dans de la mousseline à fromage.
- Dans une casserole, chauffer l'huile et faire revenir le céleri, les carottes, les oignons et l'ail.
- Mouiller avec le vin blanc, mettre les pièces de viande dans la casserole, ajouter le fond de volaille jusqu'aux trois quarts de la hauteur de la viande. Ajouter le thym, couvrir et cuire au four jusqu'à ce que la viande soit tendre. Tourner les jarrets occasionnellement pendant la cuisson.
- Au terme de la cuisson, retirer les jarrets de la sauce, et les conserver au chaud.
- Faire réduire la sauce jusqu'à consistance sirupeuse, dégraisser et rectifier l'assaisonnement.
- Mettre les jarrets au four à chaleur modérée et les badigeonner à toutes les deux minutes avec la sauce pour les laquer.
- Servir les jarrets accompagnés de racines rôties.

Suprêmes de faisan à la réduction de vin Tocai et parfumés au parmigiano

Suprêmes de faisan à la réduction de vin tocai et parfumés au parmigiano reggiano

4 portions

INGRÉDIENTS

- 4 c. à café (4 c. à thé) d'huile d'olive
- 4 suprêmes de faisan avec les manchons
- 175 ml (3/4 tasse) de vin tocai*
- 410 ml (1 2/3 tasse) de fond brun
- 60 g (1/2 tasse) de parmigiano reggiano, râpé
- 3 c. à soupe de beurre non salé

*** Tocai friulano : vin blanc, cépage de la famille du sauvignon vert ou sauvignonasse. À ne pas confondre avec le tokay de Hongrie qui est le nom d'un vin et non d'un cépage.**

PRÉPARATION

Petto di fagiano al tocai e reduzione al profumo di parmigiano reggiano
— E. Galasso

- Préchauffer le four à 260 °C (500 °F).
- Dans un poêlon allant au four, chauffer l'huile et colorer les suprêmes de faisan sur les deux faces. Terminer la cuisson au four 7 min.
- Au terme de la cuisson, retirer les suprêmes du poêlon et dégraisser.
- Déglacer avec le vin, réduire à sec, ajouter le fond brun et continuer la réduction.
- Hors du feu, ajouter le parmigiano reggiano et monter la sauce au beurre à l'aide d'un fouet.

DRESSAGE

- Napper les suprêmes de sauce et servir avec des bettes à carde et des oignons cipolline.

Tripes à la parmigiana

4 portions

- 800 g (26 oz) de tripes
- 60 ml (1/4 tasse) d'huile d'olive extravierge
- 1 tige de céleri, en petits dés
- 1 carotte, en petits dés
- 1 oignon, en petits dés
- 4 gousses d'ail, émincées
- 1 petit bouquet de persil plat, haché
- 100 ml (1/3 tasse + 1 c. à soupe) de vin blanc sec
- 175 ml (3/4 tasse) de tomates italiennes, pelées et passées au moulin à légumes
- 2 feuilles de laurier
- Sel et poivre
- 60 g (1/2 tasse) de parmigiano reggiano, râpé
- 40 g (1 1/4 oz) de beurre

Trippe alla parmigiana
— I. Brotto

- Dans une casserole remplie d'eau bouillante salée et légèrement citronnée, blanchir les tripes 30 min.
- Pendant ce temps, dans une autre casserole, chauffer l'huile et faire revenir le céleri, les carottes et les oignons.
- Ajouter l'ail et le persil. Arroser de vin blanc et laisser réduire de moitié.
- Ajouter les tomates, les tripes en lanières et les feuilles de laurier. Saler et poivrer, couvrir et poursuivre la cuisson à feu doux pendant 1 h 30.
- Au terme de la cuisson, ajouter le parmigiano reggiano et le beurre.
- Rectifier l'assaisonnement et servir avec de la polenta molle.

Médaillons de filet de bœuf à la sauce au vin rouge et fondue de parmigiano reggiano

4 portions

PRÉPARATION

Médaglioni di filetto di manzo, salsa al vino rosso e fonduta di parmigiano reggiano
— P. Vari

FONDUE

- Dans un bain-marie, chauffer le parmigiano reggiano, le lait, le beurre. Mélanger de temps en temps à l'aide d'un fouet afin de rendre la fondue lisse. Ajouter le poivre et réserver au chaud.

MÉDAILLONS ET SAUCE

- Dans une sauteuse, chauffer l'huile, saler et poivrer les médaillons et les faire sauter jusqu'à la cuisson désirée. Retirer les médaillons et laisser reposer dans un plat.
- Pendant ce temps, dans la même sauteuse, faire suer les échalotes doucement pendant 5 min. Mouiller avec le vin rouge et laisser réduire de moitié à feu vif. Ajouter la sauce demi-glace et cuire 5 min de plus. Saler, poivrer, monter la sauce au beurre et terminer en la passant au tamis fin.

DRESSAGE

- Disposer les médaillons dans les assiettes et napper d'abord de sauce au vin rouge puis de fondue au parmigiano reggiano. Servir immédiatement.

INGRÉDIENTS

FONDUE

- 120 g (1 tasse) de parmigiano reggiano, fraîchement râpé
- 60 ml (1/4 tasse) de lait
- 2 c. à soupe de beurre non salé
- Poivre noir

MÉDAILLONS ET SAUCE

- 3 c. à soupe d'huile d'olive extravierge
- Sel et poivre noir
- 4 médaillons de filet de bœuf de 150 g (5 oz) chacun
- 3 échalotes, hachées
- 250 ml (1 tasse) de vin rouge
- 125 ml (1/2 tasse) de sauce demi-glace
- 3 c. à soupe de beurre non salé

Carré de sanglier farci au fromage de chèvre et au parmigiano reggiano, légumes racines et moutarde aux fruits confits

4 portions

Carré di cinghiale ripeno di caprino e parmigiano reggiano con radici di verdure e mostarda di frutta*
— E. GALASSO

PRÉPARATION

FARCE

- Dans un bol, mettre tous les ingrédients qui composent la farce et mélanger jusqu'à consistance homogène.

SANGLIER

- Nettoyer les côtes et faire une incision au centre du carré à l'aide d'un couteau très long et bien affûté.
- Mettre la farce dans une poche à décorer et remplir le centre du carré de sanglier. Ficeler avec de la corde de boucher.
- Badigeonner la viande avec un peu de jus de moutarde aux fruits, saupoudrer de romarin, de sauge et de chapelure. Saler et poivrer.
- Cuire au four à 175 °C (340 °F) jusqu'à ce que la température à cœur atteigne 52 °C (125 °F).
- Laisser reposer 10 à 15 min.

LÉGUMES

- Mettre tous les légumes dans un plat allant au four. Arroser d'huile d'olive, saler et poivrer.
- Cuire au four 25 min à 175 °C (325 °F).

DRESSAGE

- Mettre le carré dans une grande assiette, garnir de légumes rôtis et servir avec la moutarde aux fruits.
- Servir 2 côtes de sanglier par personne.

INGRÉDIENTS

FARCE

- 210 g (7 oz) de fromage de chèvre non affiné
- 90 g (3/4 tasse) de parmigiano reggiano, râpé
- 3 c. à soupe de romarin frais, haché
- 1 œuf, battu
- Sel et poivre

SANGLIER

- 1 carré de sanglier (8 côtes)
- 1 c. à soupe de moutarde aux fruits (le jus seulement)
- 2 c. à soupe de romarin frais, haché
- 2 c. à soupe de sauge fraîche, hachée
- 1 c. à soupe de chapelure
- Sel et poivre

LÉGUMES

- 1 carotte rouge, pelée avec fanes
- 1 carotte jaune, pelée avec fanes
- 2 panais, pelés
- 2 salsifis, pelés
- 2 oignons perlés, pelés
- 8 gousses d'ail en chemise
- 1 pomme de terre rate
- Huile d'olive
- Sel et poivre

DRESSAGE

- 210 g (7 oz) de moutarde aux fruits

* ***Mostarda di frutta* :** **mélange de fruits confits sucrés et parfumés à l'essence de moutarde ou de raifort.**

Filets de cerf en croûte de parmigiano reggiano

4 portions

INGRÉDIENTS

- 2 c. à soupe d'huile d'olive extravierge
- 2 filets de cerf
- Sel et poivre
- 120 g (1 tasse) de parmigiano reggiano, râpé
- 1 c. à soupe de beurre
- 2 c. à soupe d'échalotes, émincées
- 100 ml (1/3 tasse + 1 c. à soupe) de vin rouge sec
- 175 ml (3/4 tasse) de fond brun de veau
- 4 baies de genièvre

PRÉPARATION

Filetto di cervo in crosta di parmigiano reggiano
— I. Brotto

- Dans une sauteuse, chauffer l'huile d'olive et faire revenir les filets de cerf sur toutes les faces. Saler, poivrer et poursuivre la cuisson à feu doux pour atteindre le degré de cuisson désiré.
- Chauffer une poêle antiadhésive à feu moyen et saupoudrer toutes les faces de parmigiano reggiano. Faire fondre le fromage sans le brûler.
- Éponger les filets de cerf pour retirer le sang et les résidus d'huile qui peuvent abîmer la croûte. Rouler les filets dans la croûte de parmigiano pendant qu'elle est chaude, en prenant soin de fermer en dessous du filet. En refroidissant, la croûte durcira.
- Dans la sauteuse de cuisson des filets, chauffer le beurre et faire revenir les échalotes. Déglacer au vin rouge et laisser réduire de moitié.
- Ajouter le fond de veau, les baies de genièvre et laisser infuser en faisant réduire la sauce jusqu'à consistance sirupeuse.
- Couper délicatement les filets en tranches, servir avec la sauce et accompagner le plat de betteraves rôties, de champignons sauvages sautés et de lentilles braisées.

Râble de lapin farci aux châtaignes et aux noix de pin, sauce au muscat de Pantelleria

4 portions

PRÉPARATION

Lombata di coniglio ripiena di castagne e pinoli, salsa al Moscato di Pantelleria

— P. Vari

Cette recette est un clin d'œil à la cuisine sicilienne. Une cuisine riche en soleil, en mer et en montagnes. Découvrez ce mariage de noix, de châtaignes et de Moscato di Pantellaria. Ce vin sucré est excellent pour accompagner un dessert mais aussi excellent pour la cuisson du gibier.

FARCE

- Dans un bol, mélanger la chair de saucisse, la chapelure, les herbes fraîches, l'œuf, les noix de pins, le parmigiano reggiano le sel et le poivre.

RÂBLE DE LAPIN ET SAUCE

- Étaler le râble de lapin sur une surface de travail. Saler et poivrer. Parsemer de farce et ajouter les châtaignes.
- Fermer et ficeler le râble en formant une ballottine.
- Préchauffer le four à 180 °C (350 °F).
- Dans une plaque allant au four, verser l'huile et l'étendre uniformément. Ajouter le râble de lapin et cuire 40 min.
- Arroser le lapin de temps en temps avec le gras de cuisson.
- À mi-cuisson, ajouter l'ail et les échalotes.
- Au terme de la cuisson, laisser décanter et reposer la viande dans un plat.
- Dégraisser la plaque, pincer les sucs et déglacer avec le vin. Laisser réduire de moitié et mouiller ensuite avec le fond de veau.
- Cuire 5 min, monter la sauce au beurre et passer au chinois fin.

DRESSAGE

- Couper le râble de lapin en tranches et servez-le avec votre garniture préférée. Servir chaud avec un filet de sauce.

INGRÉDIENTS

FARCE

- 210 g (7 oz) de chair de saucisse
- 30 g (1/4 tasse) de chapelure
- 1 c. à café (1 c. à thé) de thym frais, haché
- 2 c. à café (2 c. à thé) de basilic frais, haché
- 1 c. à café (1 c. à thé) de romarin frais, haché
- 1 œuf
- 1 c. à soupe de noix de pin
- 90 g (3/4 tasse) de parmigiano reggiano, fraîchement râpé
- Sel et poivre noir moulu

RÂBLE DE LAPIN ET SAUCE

- 1 râble de lapin, désossé
- Sel et poivre
- 8 châtaignes cuites en conserve ou sous vide
- 125 ml (1/2 tasse) d'huile d'olive extravierge
- 2 gousses d'ail, écrasées
- 1 échalote, émincée
- 375 ml (1 1/2 tasse) de vin Moscato di Pantellaria
- 250 ml (1 tasse) de fond de veau
- 60 g (2 oz) de beurre non salé

CONSEIL : Pour plus de facilité, il est préférable de demander à votre boucher de désosser le râble de lapin.

PARMIGIANO
REGGIANO
DOP
REGGIANO
O.O.P.

ACCOMPAGNEMENTS

CONTORNI

Artichauts farcis

4 portions

Préparation

Carciofi ripieni
— P. Vari

- Supprimer les premières feuilles externes et coriaces des artichauts. Couper les pointes des feuilles et la moitié de la tige. Éplucher la tige et le fond. Ouvrir les artichauts délicatement et retirer le foin à l'aide d'une cuillère.
- Dans une casserole remplie d'eau bouillante salée, cuire les artichauts 45 min. Égoutter et laisser refroidir.
- Dans un bol rempli d'eau froide, faire tremper les dés de pain. Égoutter et essorer.
- Dans un bol, mélanger les dés de pain, le basilic, le persil, l'ail, le parmigiano reggiano, le zeste, les œufs, le sel et le poivre. Farcir les artichauts de ce mélange.
- Préchauffer le four à 180 °C (350 °F).
- Disposer les artichauts dans un plat allant au four, les arroser d'huile, les parsemer de chapelure et de parmigiano reggiano. Cuire 25 min.

Ingrédients

- 4 artichauts
- Une demi-miche de pain croûté, sans la croûte et coupée en dés
- 1 c. à soupe de basilic frais, haché
- 1 c. à soupe de persil plat frais, haché
- 1 gousse d'ail, hachée
- 90 g (3/4 tasse) de parmigiano reggiano, fraîchement râpé
- Le zeste d'un demi-citron, fraîchement râpé
- 2 œufs
- Sel et poivre noir moulu
- 125 ml (1/2 tasse) d'huile d'olive extravierge
- 15 g (1/8 tasse) de chapelure

INGRÉDIENTS

- 800 g (1 ¾ lb) de pommes de terre à chair jaune
- 60 g (2 oz) de beurre
- 125 ml (½ tasse) d'eau
- 60 g (⅓ tasse) de farine
- 2 œufs
- 80 g (⅔ tasse) de parmigiano reggiano, râpé
- 1 litre (4 tasses) d'huile végétale

PRÉPARATION

Dauphines au parmigiano reggiano

4 portions

Dauphines al parmigiano reggiano
— I. Brotto

- Dans une casserole remplie d'eau bouillante salée, cuire les pommes de terre en robe des champs jusqu'à ce qu'elles soient tendres. Les peler pendant qu'elles sont encore chaudes et les passer immédiatement au moulin à légumes pour les réduire en purée. Laisser refroidir.
- Dans une casserole, faire fondre le beurre dans l'eau. Ajouter la farine et cuire à feu moyen en mélangeant pendant quelques minutes.
- Quand la pâte se détache des bords de la casserole, retirer du feu et laisser reposer 5 min.
- Ajouter les œufs, un à la fois et mélanger énergiquement à chaque fois, jusqu'à ce que l'œuf soit incorporé à la pâte.
- Ajouter le parmigiano reggiano et la purée de pommes de terre.
- Façonner des petites boules d'environ 2 cm (¾ po) de diamètre et frire dans l'huile très chaude.

Gratin de pommes de terre et de cèpes au parmigiano reggiano

4 portions

Gratin di patate e porcini al parmigiano reggiano
— E. Galasso

INGRÉDIENTS

- 2 c. à soupe d'huile d'olive
- 2 gousses d'ail, en tranches
- 200 g (3 ¼ tasses) de cèpes, en tranches minces
- Sel et poivre
- 1 litre (4 tasses) de crème 35 %
- 1 feuille de laurier
- 1 brin de thym frais
- 480 g (1 lb) de pommes de terre Yukon Gold, en tranches minces à la mandoline
- 150 g (1 ¼ tasse) de parmigiano reggiano, râpé

PRÉPARATION

- Dans une poêle, chauffer l'huile et faire revenir l'ail et les cèpes. Saler et poivrer.
- Dans une casserole, chauffer la crème avec la feuille de laurier et le thym. Une fois chaude, retirer la feuille de laurier et le thym.
- Dans un plat allant au four, mettre une couche de pommes de terre, une couche de cèpes, saupoudrer de parmigiano reggiano et répéter l'opération. Recouvrir de crème et mettre au four 45 min à 180 °C (350 °F).
- Au terme de la cuisson, laisser refroidir quelques minutes, couper en portions et servir.

Topinambours croquants, parmigiano reggiano et condiments au vin rouge

4 portions

INGRÉDIENTS

- 12 topinambours, coupés finement
- Sel
- 3 c. à soupe d'huile d'olive extravierge
- 40 g (1 1/4 oz) de lardons de pancetta
- 60 ml (1/4 tasse) de vin rouge sec
- 60 g (2 oz) parmigiano reggiano, en tranches
- 1 c. à café (1 c. à thé) de persil plat, haché
- 1 c. à café (1 c. à thé) de ciboulette, hachée
- Poivre

PRÉPARATION

Topinambours croccanti, parmigiano reggiano e condimento al vino rosso

I. Brotto

- Mettre les topinambours dans un bol et les saler.
- Dans une casserole, chauffer un peu d'huile, faire revenir les lardons. Déglacer au vin rouge et laisser réduire de moitié.
- Verser la réduction de vin et les lardons sur les topinambours, ajouter le parmigiano reggiano, les herbes fraîches, le poivre et l'huile restante.
- Mélanger et servir aussitôt.

Timbales de courge spaghetti et parmigiano reggiano

4 portions

Timballe di zucca e parmigiano reggiano

INGRÉDIENTS

- 1 courge spaghetti d'environ 1 kg (2,2 lb), lavée et coupée en deux sur la longueur
- Sel et poivre noir moulu
- 125 ml (½ tasse) d'huile d'olive extravierge
- 90 g (¼ tasse) de parmigiano reggiano, fraîchement râpé

NOTE : Pour vérifier si la courge est cuite, insérer un couteau et s'il n'offre aucune résistance, c'est cuit !

PRÉPARATION

- Préchauffer le four à 150 C (300 F).
- Mettre la courge sur une plaque allant au four. Saler et poivrer l'intérieur, arroser d'un peu d'huile et cuire 45 min.
- Au terme de la cuisson, laisser refroidir et retirer les graines.
- À l'aide d'une fourchette, vider la chair et la mettre dans un bol.
- Ajouter 60 ml (¼ tasse) d'huile et rectifier l'assaisonnement.
- Mettre la chair de courge dans 4 ramequins de porcelaine et presser avec une fourchette.
- Couvrir de parmigiano reggiano et cuire au four 25 min à 180 °C (350 °F).
- Démouler et servir.

Poivrons miniatures farcis

4 portions

PRÉPARATION

Piccole peperoni farciti
— E. Galasso

- Préchauffer le four à 175 °C (325 °F).
- Décalotter les poivrons et les évider.
- Dans un bol, mettre la mie de pain, le lait, le parmigiano reggiano, les câpres, l'œuf, le zeste de citron et mélanger jusqu'à consistance homogène. Laisser reposer quelques minutes.
- Farcir les poivrons avec le mélange, les badigeonner d'huile d'olive, saler et poivrer.
- Cuire au four 25 min et servir tiède.

INGRÉDIENTS

- 12 poivrons miniatures
- 160 g (4 tasses) de mie de pain, en cubes
- 80 ml (1/3 tasse) de lait
- 3 c. à soupe de parmigiano reggiano, râpé
- 1 c. à soupe de câpres
- 1 œuf, battu
- Le zeste d'un citron, râpé finement
- Huile d'olive
- Sel et poivre

D.O.P

DESSERTS

DOLCE

Pannacotta de parmigiano reggiano aux petits fruits des champs macérés à la grappa et concassé de nougat

4 portions

Pannacotta con frutti di bosco macerati in grappa prima uve e pezzi di torrone di Giuseppe Alberti
— E. Galasso

INGRÉDIENTS

- 4,25 feuilles de gélatine
- 500 ml (2 tasses) de crème 35 %
- 125 g (1/2 tasse + 1 c. à soupe) de sucre
- 1 gousse de vanille
- 30 g (1/4 tasse) de parmigiano reggiano, râpé
- 60 g (1/2 tasse) de mûres fraîches
- 60 g (1/2 tasse) de bleuets frais
- 60 g (1/2 tasse) de framboises fraîches
- 60 g (1/2 tasse) de fraises sauvages fraîches
- 60 g (1/2 tasse) de groseilles fraîches
- 60 g (1/4 tasse) de sucre
- 80 ml (1/3 tasse) de Grappa prima uve nere

GARNITURE

- 1 morceau de nougat Torrone Giuseppe Alberti de 40 g (1 à 2 oz), concassé à l'aide d'un rouleau à pâtisserie.

*** Grappa : C'est l'eau-de-vie la plus populaire en Italie.**

PRÉPARATION

- Dans un bol, hydrater les feuilles de gélatine dans l'eau glacée.
- Dans une casserole, chauffer la crème, ajouter le sucre, la gousse de vanille, porter à ébullition et, à l'apparition des premiers bouillonnements, retirer du feu.
- Ajouter le parmigiano reggiano, la gélatine, et laisser refroidir dans des ramequins au réfrigérateur.
- Mélanger tous les petits fruits, le sucre, la grappa* et laisser macérer quelques minutes.

DRESSAGE

- Garnir les ramequins de petits fruits, saupoudrer de nougat et servir.

Poires pochées au Sangiovese

4 portions

INGRÉDIENTS

- 4 poires bosc, pelées
- 375 ml (1 ½ tasse) de vin rouge Sangiovese
- Eau
- 2 clous de girofle
- 100 g (½ tasse) de sucre
- 90 g (3 oz) de parmigiano reggiano, en fines lamelles

PRÉPARATION

Pera affogata al Sangiovese
— I. Brotto

- Mettre les poires dans une casserole. Mouiller avec le vin rouge et ajouter autant d'eau qu'il faut pour les recouvrir complètement.
- Ajouter les clous de girofle et le sucre.
- Cuire à feu moyen, à découvert, jusqu'à ce que les poires soient tendres. Laisser refroidir dans le liquide de cuisson.
- Faire réduire le liquide de cuisson jusqu'à consistance sirupeuse.
- Servir les poires chaudes et les napper de leur sauce.
- Garnir de lamelles de parmigiano reggiano.

Tartelettes à la ricotta, parmigiano reggiano et fruits séchés, sauce à l'orange parfumée à la strega

8 portions

PRÉPARATION

Crostatine di ricotta, parmigiano reggiano e frutta secca, salsa all'arancia profumata alla Strega
— P. Vari

PÂTE

- Dans un bol, tamiser la farine. Former un puits au centre.
- Dans un autre bol, mélanger le beurre et le sucre. Ajouter l'œuf et l'eau. Mettre ce mélange au centre de la farine.
- Mélanger du bout des doigts, puis pétrir la pâte 3 min pour la rendre lisse et homogène. Envelopper la pâte dans une pellicule plastique et laisser reposer au réfrigérateur 30 min.
- À l'aide d'un rouleau à pâtisserie, abaisser la pâte et la façonner dans des moules à tartelettes. Réserver.

GARNITURE

- Préchauffer le four à 150 °C (300 °F).
- Dans un bol, bien mélanger la ricotta, le parmigiano reggiano, les noix de pin, les fruits confits, les raisins secs, la crème, les œufs et le sucre.
- Verser le mélange dans chaque tartelette et cuire au four 45 min.

SAUCE

- Presser le jus des oranges.
- Dans une casserole, faire réduire de moitié le jus d'orange et le sucre. Laisser refroidir et ajouter la strega.

DRESSAGE

- Servir les tartelettes avec un peu de sauce et quelques petits fruits de votre choix.

INGRÉDIENTS

PÂTE

- 200 g (1 ½ tasse) de farine à pâtisserie
- 80 g (⅓ tasse) de beurre non salé
- 100 g (1 tasse) de sucre glace
- 1 œuf
- 2 c. à soupe d'eau froide.

GARNITURE

- 100 g (3 ½ oz) de ricotta
- 60 g (½ tasse) de parmigiano reggiano, fraîchement râpé
- 1 c. à soupe de noix de pin
- 1 c. à soupe de fruits confits
- 1 c. à soupe de raisins secs
- 80 ml (⅓ tasse) de crème 35 %
- 2 œufs
- 2 c. à soupe de sucre

SAUCE

- 4 oranges
- 45 g (¼ tasse) de sucre granulé
- 2 c. à soupe de strega*

*** Strega : liqueur italienne à base d'agrumes et d'une douzaine de plantes.**

Index des recettes

Carnet d'adresses

Parma

Même si le parmigiano-reggiano abonde dans la cuisine de la région, et que l'on en trouve partout, certaines adresses garantissent un meilleur approvisionnement :

- Casa del formaggio, via Bixio 106, (0521) 235-606
- Garibaldi, via Garibaldi 42, (0521) 230-243
- Gastronomica Picchi, via Farini 27. (0521) 233-528

Bologna

- Tamburini, via Caprarie 1, (051) 234-726

Roma

- Gastronomia Volpetti, Via Marmorata 47, Testaccio (06) 574-2352

Milano

- Pecks, via Spadari 7-9, 02-802-31-61

Paris

- Casa della Pasta, 5, rue des petits carreaux, (2e) 01 42 33 00 72
- Da Rosa, 62, rue de Seine, (6ème) 01 40 51 00 0

Montréal

- Milano, 6862 Boulevard Saint-Laurent,(514) 273-8558
- La Baia dei formaggi, rue Jean-Talon Est,

Québec

- Pâtes-à-tout, 2500, ch. des Quatre-Bourgeois, Sainte-Foy, (418) 651-8284
- Pasta-Fina, 3314 Chemin Sainte-Foy, Sainte-Foy, (418) 658-9189

Ottawa-Gatineau

- Il Negozio, 1355 Wellington Street, Ottawa (613) 729-9100

Achevé d'imprimer au Canada
sur les presses de Quebecor World